WEEKLY STUDY PLAN

WEEKLY STUDY P

Name of the Test ←テスト名を書こう。

Test Period ←

／ ～ ／

Name of the Test

Date	To-do List	やることを書こう。(例)「英単語を10個覚える」など。

Time Record ←

0分 10 20 30 40 50 60分

- 1時間
- 2時間
- 3時間
- 4時間
- 5時間
- 6時間

（左の縦書き）
- 点線にそって切り取りましょう。
- 勉強する日付を書こう。
- テスト期間を書こう。
- マス目をぬろう。1マス10分。

Gakken New Course Study Plan Sheet

Date To-do List

Date	To-do List

JN021153

WEEKLY STUDY PLAN

Test Period

[/] ~ [/]

Name of the Test

Test Period

[/] ~ [/]

Date　To-do List

Time Record
0分 10 20 30 40 50 60分
- 1時間
- 2時間
- 3時間
- 4時間
- 5時間
- 6時間

Time Record
0分 10 20 30 40 50 60分
- 1時間
- 2時間
- 3時間
- 4時間
- 5時間
- 6時間

/ ( )
- ☐
- ☐
- ☐
- ☐
- ☐
- ☐

Time Record
0分 10 20 30 40 50 60分
- 1時間
- 2時間
- 3時間
- 4時間
- 5時間
- 6時間

Time Record
0分 10 20 30 40 50 60分
- 1時間
- 2時間
- 3時間
- 4時間
- 5時間
- 6時間

/ ( )
- ☐
- ☐
- ☐
- ☐
- ☐
- ☐

Time Record
0分 10 20 30 40 50 60分
- 1時間
- 2時間
- 3時間
- 4時間
- 5時間
- 6時間

Time Record
0分 10 20 30 40 50 60分
- 1時間
- 2時間
- 3時間
- 4時間
- 5時間
- 6時間

/ ( )
- ☐
- ☐
- ☐
- ☐
- ☐
- ☐

Time Record
0分 10 20 30 40 50 60分
- 1時間
- 2時間
- 3時間
- 4時間
- 5時間
- 6時間

Time Record
0分 10 20 30 40 50 60分
- 1時間
- 2時間
- 3時間
- 4時間
- 5時間
- 6時間

/ ( )
- ☐
- ☐
- ☐
- ☐
- ☐
- ☐

Time Record
0分 10 20 30 40 50 60分
- 1時間
- 2時間
- 3時間
- 4時間
- 5時間
- 6時間

Time Record
0分 10 20 30 40 50 60分
- 1時間
- 2時間
- 3時間
- 4時間
- 5時間
- 6時間

/ ( )
- ☐
- ☐
- ☐
- ☐
- ☐
- ☐

Time Record
0分 10 20 30 40 50 60分
- 1時間
- 2時間
- 3時間
- 4時間
- 5時間
- 6時間

Time Record
0分 10 20 30 40 50 60分
- 1時間
- 2時間
- 3時間
- 4時間
- 5時間
- 6時間

/ ( )
- ☐
- ☐
- ☐
- ☐
- ☐
- ☐

Time Record
0分 10 20 30 40 50 60分
- 1時間
- 2時間
- 3時間
- 4時間
- 5時間
- 6時間

Time Record
0分 10 20 30 40 50 60分
- 1時間
- 2時間
- 3時間
- 4時間
- 5時間
- 6時間

/ ( )
- ☐
- ☐
- ☐
- ☐
- ☐
- ☐

【学研ニューコース】

問題集

中学地理

Gakken

中学地理

問題集

「解答と解説」は別冊になっています。
本冊と軽くのりづけされていますので，
はずしてお使いください。

本書の特長と使い方

特長	ステップ式の構成で無理なく実力アップ	充実の問題量＋定期テスト予想問題つき	スタディプランシートでスケジューリングもサポート

【1見開き目】

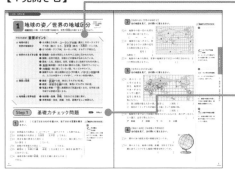

テストに出る！　重要ポイント

各項目のはじめには，その項目の重要語句や要点が整理されています。まずはここに目を通して，テストによく出るポイントをおさえましょう。

Step 1　基礎力チェック問題

基本的な問題を解きながら，各項目の基礎が身についているかどうかを確認できます。
わからない問題や苦手な問題があるときは，「得点アップアドバイス」を見てみましょう。

 確認　おさえておくべき知識やポイント。　　 テストで注意　テストでまちがえやすい内容の解説。　　 ヒント　問題を解くためのヒント。

【2見開き目】

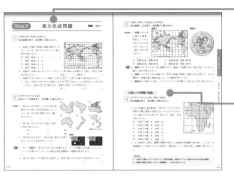

Step 2　実力完成問題

標準レベルの問題から，やや難しい問題を解いて，実戦力をつけましょう。まちがえた問題は解き直しをして，解ける問題を少しずつ増やしていくとよいでしょう。

入試レベル問題に挑戦

各項目の，高校入試で出題されるレベルの問題に取り組むことができます。どのような問題が出題されるのか，雰囲気をつかんでおきましょう。

 よくでる　定期テストでよく問われる問題。　　ミス注意　まちがえやすい問題。　　ハイレベル　発展的な問題。　　思考　応用して考える必要のある問題。

定期テスト予想問題

学校の定期テストでよく出題される問題を集めたテストで，力試しができます。制限時間内でどれくらい得点が取れるのか，テスト本番に備えて取り組んでみましょう。

スタディプランシート【巻頭】

勉強の計画を立てたり，勉強時間を記録したりするためのシートです。計画的に勉強するために，ぜひ活用してください。

1 地球の姿／世界の地域区分

リンク
ニューコース参考書
中学地理
p.28〜37

攻略のコツ 大陸・大洋の位置や地域区分，世界の特徴ある国々などをおさえよう。

テストに出る！ **重要ポイント**

◉ 地球の姿と
世界の地域区分

❶ 6大陸と3大洋…**ユーラシア大陸**（最大）やオーストラリア大陸（最小）など。**太平洋**（最大）・大西洋・インド洋。

❷ 6つの州…アジア州，ヨーロッパ州，オセアニア州など。

◉ 世界のさまざまな国

❶ 国境線…自然を利用したものや人工的に引かれたもの。

❷ 国旗…自然や歴史，宗教などの意味が込められている。

❸ 国名…人名，民族名，自然，位置などに由来するものが多い。

❹ 島国（海洋国）…四方を海に囲まれた国。日本やフィリピン。

❺ 内陸国…海に面していない国。モンゴルやスイス。

❻ 面積や人口…国土面積は**ロシア**が最大，**バチカン市国**が最小。人口は中国やインドが多く，バチカン市国が最少。

◉ 緯度と経度

❶ 緯度…**赤道**が0度，南北にそれぞれ90度。

❷ 経度…**本初子午線**が0度，東西にそれぞれ180度。

❸ 気温と季節…一般に高緯度ほど気温は低くなる。北半球と南半球では季節が逆になる。

◉ 地球儀と世界地図

❶ 地球儀…面積，距離，方位などを正確に表す。

❷ 世界地図…角度，距離，方位，面積が正しい地図など。

Step 1 基礎力チェック問題

解答▶ 別冊p.2

1 次の〔　〕に当てはまるものを選ぶか，当てはまる言葉を書きなさい。

得点アップアドバイス

1 ‥‥‥‥‥‥‥‥

✓確認 **6大陸と
3大洋**

(1) 2番目に大きい大陸はアフリカ大陸。1番小さい大陸はオーストラリア大陸。

☑(1) 世界最大の大陸は，〔　ユーラシア　　北アメリカ　〕大陸である。

☑(2) 世界最大の大洋は〔　大西洋　　太平洋　〕である。

☑(3) 四方を海に囲まれた国を〔　　　　　　　〕といい，海に面していない国を〔　　　　　　　〕という。

☑(4) 面積が世界最大の国は〔　　　　　　　　〕である。

☑(5) 緯度は〔　本初子午線　　赤道　〕を0度として，南北を90度ずつに分けている。

☑(6) 地球全体の面積や距離，方位を正確に表せるのは〔　　　　　　　〕である。

2 【地球の姿と世界の地域区分】
右の地図を見て，次の問いに答えなさい。

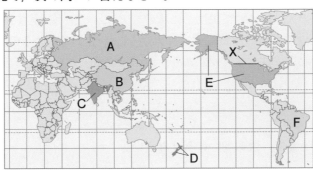

(1) 地図中の@〜©の大洋を大きい順に並べなさい。
〔　　　→　　　→　　　〕

(2) 地図中のＡ〜Ｆから，世界で最も小さい大陸の記号と大陸名を答えなさい。
記号〔　　　　〕
大陸名〔　　　　〕

(3) 地図中のＡの大陸は，世界の地域区分では2つの州に分かれる。2つの州名を答えなさい。　〔　　　　　〕〔　　　　　〕

3 【世界のさまざまな国】
右の地図を見て，次の問いに答えなさい。

(1) 次の①・②に当てはまる国を，地図中のＡ〜Ｆから1つずつ選び，記号と国名を答えなさい。

① 国土面積が最も大きい国。　記号〔　　　〕国名〔　　　　　〕
② 国名が「インダス川が流れる土地」という意味の国。
記号〔　　　〕国名〔　　　　　〕

(2) 地図中のＸで示した国境に利用されているものを，次のア〜エから1つ選び，記号で答えなさい。　　　　〔　　　〕
ア　緯線　　　イ　経線　　　ウ　川　　　エ　山脈

4 【緯度と経度】【地球儀と世界地図】
右の図を見て，次の問いに答えなさい。

(1) 図中のＸの経度0度の経線を何というか。
〔　　　　　〕

(2) 図のような，地球の面積，距離，方位などを正確に表すことのできる地球の模型を何というか。
〔　　　　　〕

得点アップアドバイス

2 ………………

✓確認 ユーラシア大陸の州

(3) ユーラシア大陸はウラル山脈を境に2つの州に分けられる。

3 ………………

ヒント　インダス川の流域

(1) インダス川が流れているのは，南アジア。

ヒント　国境の特徴

(2) 緯線や経線を利用して定めた国境の場合，国境線は直線的になる。

4 ………………

✓確認 本初子午線と赤道

(1) 赤道は緯度0度。本初子午線はイギリスのロンドンを通る。

1【地球の姿と世界の地域区分】

右の地図を見て，次の問いに答えなさい。

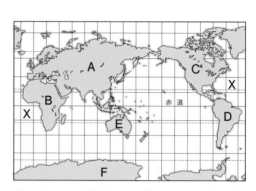

(1) 地球上の海洋と陸地の面積の割合として正しいものを，次の**ア〜エ**から1つ選び，記号で答えなさい。

ア　海洋：陸地 = 3：7　　　〔　　　　〕

イ　海洋：陸地 = 4：6

ウ　海洋：陸地 = 6：4

エ　海洋：陸地 = 7：3

(2) 地図中の大陸の**A〜F**のうち，オセアニア州に属する大陸を1つ選び，記号と大陸名を答えなさい。　　　記号〔　　　〕　大陸名〔　　　　　　　　〕

(3) 地図中の**X**の大洋について説明した次の　**ア**　，　**イ**　に適する語を答えなさい。

◇　**X**は，世界の大洋の中で2番目に大きな　**ア**　である。この大洋は4つの州と面しており，北東には　**イ**　州があり，南西には南アメリカ州がある。

ア〔　　　　　　〕　**イ**〔　　　　　　　〕

2【世界のさまざまな国】

右の**A〜F**の図を見て，次の問いに答えなさい。

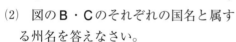

ミス注意 (1) 図の**A〜D**の国は，いずれも国土面積が大きい国の上位6位以内に入っている。**A〜D**の国を面積の大きい順に並べなさい。

〔　　　→　　　→　　　→　　　〕

(2) 図の**B・C**のそれぞれの国名と属する州名を答えなさい。

B〔　　　　　〕〔　　　　州〕

C〔　　　　　〕〔　　　　州〕

(3) 図の**E**は日本と同じ，四方を海に囲まれた国である。このような国を何というか。

〔　　　　　　　　〕

※縮尺は同じではない

資料

思考 (4) 右上の**資料**は，図の**D**と**E**の国の国旗である。2つの国旗には共通してユニオンジャックが描かれている。その理由を歴史的側面から簡潔に書きなさい。

〔　　　　　　　　　　　　　　　　　　　　　　　　　　　　　〕

(5) 図の**F**の国の，**X**の都市内に位置する，世界で最も人口の少ない国を何というか。

〔　　　　　　　　　〕

3 【緯度と経度】【地球儀と世界地図】
右の地図1, 2を見て, 次の問いに答えなさい。

地図1　　　　　　　　　　　　　　地図2

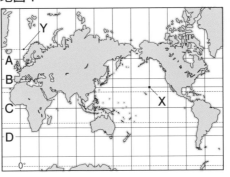
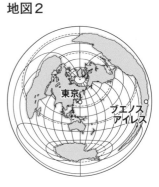

✔よくでる (1)　地図1中のX の地点の緯度・経度として当てはまるものを, 次のア～エから1つ選び, 記号で答えなさい。　〔　　　〕

ア　北緯30度, 東経30度　　　イ　北緯30度, 西経150度

ウ　南緯30度, 東経30度　　　エ　南緯30度, 西経150度

思考 (2)　地図1中に示したA～Dの緯線の中で, 地球上の実際の長さが最も短いものを1つ選び, 記号で答えなさい。　　　　　　　　　　　　　　　〔　　　〕

(3)　地図1中のYより北の地域では, 夏至の前後の時期に太陽が完全に沈まず, 1日中薄明るい状態が続く現象が起こる。この現象を何というか。　〔　　　〕

(4)　地図2中の東京から見て, ブエノスアイレスが位置する方位を4方位で答えなさい。
〔　　　〕

入試レベル問題に挑戦

4 【世界のさまざまな国】【緯度と経度】
右の地図を見て, 次の問いに答えなさい。

(1)　右の地図は, 世界地図の一部を示したものである。本初子午線と赤道の位置は, a～fのどれになるか。正しい組み合わせを次のア～カから1つ選び, 記号で答えなさい。　　〔　　　〕

ア　〔本初子午線　a　赤道　d〕

イ　〔本初子午線　b　赤道　d〕

ウ　〔本初子午線　c　赤道　e〕

エ　〔本初子午線　a　赤道　e〕

オ　〔本初子午線　b　赤道　f〕

カ　〔本初子午線　c　赤道　f〕

(2)　右の地図の大陸は, 緯線や経線を利用した直線的な国境線の国が多い。このような国境線がこの大陸でみられる背景を, 「植民地」という語句を使い, 簡潔に書きなさい。
〔　　　　　　　　　　　　　　　　　　　　　　　　　　　〕

　ヒント
(1)　本初子午線はイギリスのロンドンを通る経線, 赤道はアフリカ大陸のほぼ中央を通る緯線。
(2)　緯線や経線を利用して引いた国境線は, 人工的に定められた。

1章／世界の姿

1　地球の姿／世界の地域区分

7

2 日本の位置と範囲，地域区分

リンク
ニューコース参考書
中学地理
p.44〜53

攻略のコツ 日本の位置と範囲，地域区分を理解し，時差の計算を確実にできるようにしよう。

テストに出る！ 重要ポイント

● **日本の位置**
　❶ 位置…ユーラシア大陸の東。太平洋の北西。
　❷ 範囲…北緯約 20 〜 46 度，東経約 122 〜 154 度の間。

● **時差のしくみ**
　❶ 時差…経度 15 度で 1 時間の時差。
　❷ 日本の標準時子午線…兵庫県明石市を通る**東経 135 度**。

● **日本の領域**
　❶ 国の領域…領土，領海，領空。
　❷ 日本列島…北海道，本州，四国，九州と周辺の島々。
　❸ 日本の端…北端は**択捉島**，南端は**沖ノ鳥島**，東端は**南鳥島**，西端は**与那国島**。
　❹ 排他的経済水域…領海の外側，海岸線から 200 海里以内。

● **領土をめぐる動き**
　❶ **北方領土**…日本固有の領土である北海道の択捉島，国後島，色丹島，歯舞群島を，現在ロシアが不法に占拠。
　❷ **竹島**…島根県に属する日本固有の領土。**韓国**が不法に占拠。
　❸ **尖閣諸島**…沖縄県石垣市に属する日本固有の領土。

● **都道府県と地域区分**
　❶ 都道府県… 1 都， 1 道， 2 府， 43 県の 47 都道府県。
　❷ 県庁所在地…都道府県庁が置かれた都市。
　❸ 7 地方区分…北海道地方，東北地方，関東地方，中部地方，近畿地方，中国・四国地方，九州地方。

Step 1　基礎力チェック問題

解答 ▶ 別冊 p.3

1 次の〔　　〕に当てはまるものを選ぶか，当てはまる言葉を書きなさい。

☑ (1) 日本は〔　　　　　　　〕大陸の東に位置する島国である。

☑ (2) 日本の標準時子午線は，〔　東経 135 度　　西経 135 度　〕である。

☑ (3) 国の領域は〔　　　　　　〕，領海，領空からなり，海岸線から 200 海里以内の領海の外側を〔　　　　　　　　〕という。

☑ (4) ロシアに不法に占拠されている択捉島，国後島，色丹島，歯舞群島からなる地域を〔　　　　　　　〕という。

☑ (5) 日本の都道府県は， 1 都 1 道 2 府〔　47　　43　〕県である。

得点アップアドバイス

1

確認 **標準時子午線**
(2) 世界各国の時刻の基準となる経線。

テストで注意 **都道府県は全部で 47**
(5) 東京都，北海道，大阪府，京都府以外は県。

2 【日本の位置】【時差のしくみ】
右の地図を見て，次の問いに答えなさい。

☑(1)　地図中の**X**は日本の標準時子午線である。**X**が通過する都市を，次のア〜エから１つ選び，記号で答えなさい。　　　〔　　　　　〕
　　ア　福岡市　　　　イ　明石市（あかし）
　　ウ　名古屋市（なごや）　エ　甲府市（こうふ）

☑(2)　地図中の**Y**は，秋田県を通過する緯線である。**Y**の緯度を次から１つ選び，記号で答えなさい。
　　ア　北緯（ほくい）30度　　　イ　北緯40度
　　ウ　北緯50度　　　エ　北緯60度　　　　　〔　　　　　〕

☑(3)　地図中の**Z**の都市は，東経30度の経線を標準時子午線としている。日本との時差は何時間か，答えなさい。ただし，サマータイムは考えないこととする。　　　　　〔　　　　　〕

3 【日本の領域】【領土をめぐる動き】
右の地図を見て，次の問いに答えなさい。

☑(1)　地図中の**A**の島々は，現在ロシアが不法に占拠している。**A**の島々を何というか。
　　　　　　　　　　　〔　　　　　〕

☑(2)　地図中に**B**で示した日本の南端（なんたん）の島の名前を答えなさい。　〔　　　　　〕

☑(3)　地図中の⬭は日本の排他（はいた）的経済水域である。この水域は，海岸線から何海里以内の海域か。　〔　　　　　〕

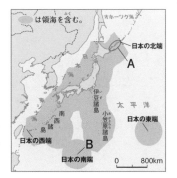

4 【都道府県と地域区分】
右の地図を見て，次の問いに答えなさい。

☑(1)　地図中の**A〜D**の県名と県庁所在地名をそれぞれ答えなさい。
　　　A〔　　　　　県・　　　　　市〕
　　　B〔　　　　　県・　　　　　市〕
　　　C〔　　　　　県・　　　　　市〕
　　　D〔　　　　　県・　　　　　市〕

☑(2)　日本を７地方に分けたとき，地図中の**X・Y**の県が属する地方名を，それぞれ答えなさい。　X〔　　　　　地方〕　Y〔　　　　　地方〕

✔ **得点アップアドバイス**

2 ‥‥‥‥‥‥

【確認】 **日本の緯度**
(2)　日本は北緯約 20 〜 46 度に位置する。

> サマータイムは，夏に時刻を１時間進めることだよ。

3 ‥‥‥‥‥‥

【確認】 **日本の端（はし）**
(2)　日本の端は，北端が択捉島，東端が南鳥島（みなみとりしま），西端が与那国島（よなぐにじま）。

【テストで注意】 **排他（はいた）的経済水域**
(3)　排他的経済水域は，海岸線から 200 海里以内の水域のうち，領海（海岸線から 12 海里以内）の外側の範囲である。

4 ‥‥‥‥‥‥

【ヒント】 **県名と異なる県庁所在地名**
(1)　**D** 以外の県は，県名と県庁所在地名が異なる。

1 【日本の位置】【時差のしくみ】
右の地図を見て，次の問いに答えなさい。

(1) 赤道をはさんで日本の真南にあり，
日本とほぼ同経度にある国を，地図
中から1つ選んで答えなさい。
　　　　　　　　〔　　　　　　　〕

(2) 日本とほぼ同緯度にある国を，地
図中から2つ選んで答えなさい。

〔　　　　　　　〕〔　　　　　　　〕

ミス注意 (3) 日本周辺の地域は，ヨーロッパから見ると最も東にあるため，何と呼ばれることが
あるか。次のア～エから1つ選び，記号で答えなさい。
ア　中東　　イ　近東　　ウ　オリエント　　エ　極東　　　　〔　　　　　〕

ハイレベル (4) 地図中の成田国際空港を日本時間の3月17日午前10時に出発した飛行機が，13時
間かかってフランスのパリの空港に到着した。現地時間の何月何日何時に到着したか，
答えなさい。なお，パリの標準時は東経15度の経線を基準とする。

〔　　　　　　　　　〕

2 【日本の領域】【領土をめぐる動き】
右の図1，2を見て，次の問いに答えなさい。

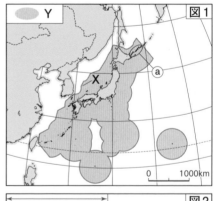

(1) 日本が返還を要求している図1中の@の島々
を不法に占拠している国はどこか。
　　　　　　　　〔　　　　　　　〕

(2) 図1中のXは，1905年に国際法に基づき，日
本が島根県に編入したが，1952年から韓国が領
有権を主張し，不法に占拠している。この島の
名前を答えなさい。　　〔　　　　　　　〕

ミス注意 (3) 図2は国の領土，領海，領空を示している。
領海は，日本では海岸線から何海里以内か。
　　　　　　　　〔　　　　　　　〕

✓よくでる (4) 図2中のPは，図1中のYから領海を除いた
水域である。この水域はどのような水域か，「沿
岸国」という語句を使い，簡潔に書きなさい。

〔

3 【都道府県と地域区分】
右の地図を見て，次の問いに答えなさい。

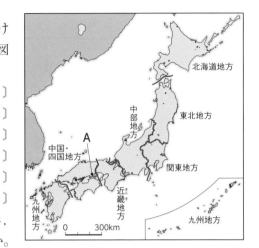

(1)　次の①～⑥の府県は，日本を7地方に分け
　　たとき，それぞれ何地方に入るか。右の地図
　　を参考にして答えなさい。
　　①福岡県　　　　　　　〔　　　　　　〕
　　②大阪府　　　　　　　〔　　　　　　〕
　　③栃木県　　　　　　　〔　　　　　　〕
　　④山口県　　　　　　　〔　　　　　　〕
　　⑤秋田県　　　　　　　〔　　　　　　〕
　　⑥長野県　　　　　　　〔　　　　　　〕
(2)　中国・四国地方をさらに3つに分けたとき，
　　地図中のAの都市は，どの地方に属するか。
　　次のア～ウから1つ選び，記号で答えなさい。
　　ア　山陰　　イ　瀬戸内　　ウ　南四国
　　　　　　　　　　　　　　　　　　　　　〔　　　〕

(3)　地図中の中部地
　　方を北陸，中央高
　　地，東海の3つの
　　地域に正しく区分
　　したものを，右の
　　ア～ウから1つ選
　　び，記号で答えなさい。

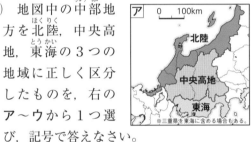

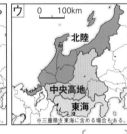

　　　　　　　　　　　　　　　　　　　　　〔　　　〕

入試レベル問題に挑戦

4 【時差のしくみ】【都道府県と地域区分】
右の東経135度と東海道新幹線の経路を示した地図を見て，次の問いに答えなさい。

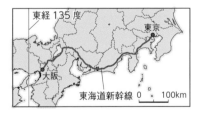

(1)　東経135度は日本の標準時子午線である。日本が
　　1月1日午前11時のとき，12月31日午後6時の都
　　市の標準時子午線の経度を，東経または西経をつけ
　　て答えなさい。　　　　　　　　〔　　　　　　〕
(2)　地図は，東海道新幹線が東京から大阪へ向かう際
　　に通過する都道府県を示している。次の①・②に当てはまる都道府県を答えなさい。
　　東京都→神奈川県→静岡県→愛知県→　①　→滋賀県→　②　→大阪府
　　　　　　　　　　　　　　　①〔　　　　　　〕　②〔　　　　　　〕

ヒント
　(1)　1月1日午前11時と12月31日午後6時の時差は17時間である。
　(2)　愛知県と滋賀県の間にあるのは，内陸県である。

1 さまざまな地域の暮らし①

攻略のコツ 世界のさまざまな気候と，暑い地域や乾燥した地域の暮らしの特色をつかもう。

🔗 リンク
ニューコース参考書
中学地理
p.62〜67

テストに出る！ **重要ポイント**

● **世界のさまざまな気候**

❶ **寒帯**…一年の大半が雪や氷で覆われる。

❷ **冷帯（亜寒帯）**…冬は寒さが厳しく，夏は気温が上がる。

❸ **温帯**…季節の変化がはっきりしている。

❹ **乾燥帯**…砂漠気候やステップ気候。一年を通して雨が少ない。

❺ **熱帯**…一年を通して気温が高く，降水量が多い。

↑世界の気候区の分布

● **暑い地域の暮らし**

❶ **赤道付近や周辺地域**…スコールがあり，**熱帯雨林（熱帯林）** が広がり，マングローブやさんご礁が見られる。

❷ **住居や食事**…伝統的な**高床の家**，タロいもなどの食事。

● **乾燥した地域の暮らし**

❶ **サヘル**…少量の雨が降る，サハラ砂漠の南の地域。**遊牧**が見られ，**焼畑農業**が行われる。砂漠化を防ぐ取り組み。

❷ **砂漠地域**…**オアシス**周辺に集落が発達し，かんがいで小麦やなつめやしなどを栽培。

Step 1　基礎力チェック問題

📖 解答 別冊p.4

1 次の〔 　 〕に当てはまるものを選ぶか，当てはまる言葉を書きなさい。

☑ (1) 一年の大半が雪や氷で覆われる気候帯を〔 　　　　 〕といい，一年を通して気温が高い気候帯を〔 　　　　 〕という。

☑ (2) 赤道付近や周辺地域では〔 針葉樹林　熱帯雨林 〕が広がり，〔 高床　　たて穴 〕の家がみられる。

☑ (3) サハラ砂漠の南の少量の雨が降る地域を〔 サヘル　タイガ 〕という。

☑ (4) 砂漠で自然のわき水などが得られる場所を〔 　　　　 〕という。

得点アップアドバイス

1 ……………………

✓確認 **針葉樹林と熱帯雨林**

(2) 針葉樹林は，冷帯に広がる針葉樹の森林で，タイガともいわれる。熱帯雨林は赤道付近の熱帯に広がる森林である。

2 【世界のさまざまな気候】

次の雨温図は，世界の5つの気候帯に属する都市のものである。
温帯，寒帯に属する都市の雨温図を，ア～オから1つずつ選び，
記号で答えなさい。

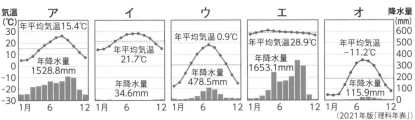

（2021年版「理科年表」）

温帯〔　　　〕　寒帯〔　　　〕

3 【暑い地域の暮らし】

右の地図を見て，次の問いに答えなさい。

(1) 地図中のア～エから，
サモアの位置を1つ選
びなさい。　〔　　　〕

(2) サモアでみられる衣
服として最も適切なも
のを，次のア～エから
1つ選び，記号で答えなさい。　〔　　　〕

ア　動物の毛皮でつくられた，風を通しにくい服装。

イ　腰巻やTシャツなどの風通しのよい服装。

ウ　日差しや砂ぼこりを避けるために長そでで，丈の長い服装。

エ　厚手の生地でつくられた，着たり脱いだりしやすい服装。

(3) 地図中のマレーシアやインドネシアでは，短時間で激しく降る雨が
みられる。この雨を何というか。　〔　　　〕

4 【乾燥した地域の暮らし】

右の写真を見て，次の問いに答えなさい。

(1) 写真の住居がみられる地域の気候帯を答
えなさい。　〔　　　〕

(2) (1)の地域で行われている，草や水を求め
て移動しながら，やぎや羊を飼う牧畜を何
というか。　〔　　　〕

（ピクスタ）

(3) (1)の地域でかんがいなどによって栽培される作物として当てはまる
ものを，次のア～エから1つ選び，記号で答えなさい。

ア　タロいも　　イ　じゃがいも　　ウ　なつめやし　　エ　バナナ

〔　　　〕

1 【世界のさまざまな気候】
次の地図を見て，あとの問いに答えなさい。

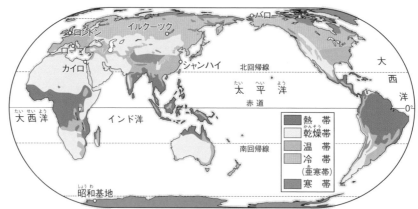

ミス注意 (1) 右のA・Bの写真は，地
図中のどの気候帯でみられ
る光景か。1つずつ選び，
気候帯名を答えなさい。

A〔　　　　　　〕
B〔　　　　　　〕

ハイレベル (2) 地図中の寒帯の地域について説明した次の ア ， イ に適する語を答えなさい。

◇　一年中寒さが厳しく，樹木が育たない地域で，短い夏の間だけ氷がとけ，こけ類
が生える ア 気候と，一年中雪と氷に覆われる イ 気候に分かれる。

ア〔　　　　　　〕 イ〔　　　　　　〕

2 【暑い地域の暮らし】
右の資料1，2を見て，次の問いに答えなさい。

(1) 資料1はシンガポールの雨温図であ
る。シンガポールの位置を，次のア〜
ウから1つ選び，記号で答えなさい。
ア　北回帰線付近　　イ　赤道付近
ウ　南回帰線付近

〔　　　　　〕

資料1

資料2

（ピクスタ）

(2) シンガポールが属する気候帯の地域に広がる，観光地や農地の開発などによって面
積が減少している森林を何というか。　　　　　　　　　　　　　　〔　　　　　　〕

思考 (3) 資料2は，シンガポールが属する気候帯の地域でみられる伝統的な住居である。こ
のような住居にみられる工夫を，簡潔に書きなさい。

〔　　　　　　　　　　　　　　　　　　　　　　　　　　　　　　　　　　　〕

3 【乾燥した地域の暮らし】
右の資料1，2を見て，次の問いに答えなさい。

資料1

資料2

(ピクスタ)

(1) 資料1中の ⬭ は，サハラ砂漠の南に広がる乾燥地域を示している。この地域を何というか。〔　　　　　〕

思考 (2) (1)の地域について述べた文として最も適切なものを，次のア～エから1つ選び，記号で答えなさい。

ア　砂漠化を防ぐために，ため池や用水路をつくっている。　　〔　　　〕

イ　雨が少ない気候を利用して，ぶどうやオリーブの栽培がさかんである。

ウ　窓を二重，三重にして，室内の気温を維持している。

エ　建物の多くは高床になっている。

(3) (1)の地域でみられる，樹木を切って燃やした灰を肥料にして穀物を育てる農業を何というか。　　〔　　　　　〕

✓よくでる (4) 資料2は，乾燥した地域でみられる，地下水がわき出るなど水を得やすい場所である。このような場所を何というか。　　〔　　　　　〕

入試レベル問題に挑戦

4 【世界のさまざまな気候】
地図中のA～Dは，それぞれ乾燥帯，寒帯，熱帯，冷帯（亜寒帯）のいずれかである。次の問いに答えなさい。

(1) 次の文の下線部①と②の地域は，地図中のA～Dの気候帯のうちのどれに含まれるか。1つずつ選び，記号で答えなさい。

> 世界には，①針葉樹林が一帯に広がる地域や，②一年中雨が多く，さまざまな種類の樹林からなる密林が広がる地域などがあり，地域によって育つ樹木に違いがある。

①〔　　　〕②〔　　　〕

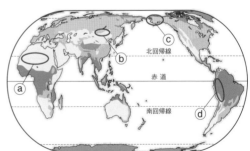

北回帰線
赤道
南回帰線

世界の気候帯 ■A ▨B □C ■D ▧温帯

(2) 資料1の住居と資料2の衣服がみられる地域を，地図中のⓐ～ⓓから1つずつ選びなさい。

資料1〔　　　〕資料2〔　　　〕

資料1

(ピクスタ)

資料2

(Cynet Photo)

👆 ヒント
(1) ①の針葉樹林はタイガ，②の密林は熱帯雨林とも呼ばれる。
(2) 資料1はゲルという組み立て式の住居，資料2はアンデス高地に住む人々の衣服である。

2 さまざまな地域の暮らし②

リンク
ニューコース参考書
中学地理
p.68〜73

攻略のコツ 温暖な地域や寒い地域，標高の高い地域の暮らしの特色をつかもう。

テストに出る! 重要ポイント

◉ **温暖な地域の暮らし**
❶ **イタリアやスペインの食事・住居**…食事はオリーブオイルやトマトソースを使った料理が多く，伝統的な住居には，夏の強い日差しを防ぐため，窓が小さい**石造りの家**が多い。壁を厚くし，白く塗って強い日差しをさえぎる工夫もみられる。
❷ **イタリアやスペインの農業**…夏に乾燥に強い**ぶどうやオリーブ**を栽培し，冬に小麦を栽培する。

◉ **寒い地域の暮らし**
❶ **北極圏（カナダ北部）の暮らし**…寒帯に属し，**イヌイット**はあざらしやカリブーを狩る生活。1年の大半を雪と氷で覆われるが，夏の間だけこけ類や草が生えるツンドラの地域もある。
❷ **シベリアの暮らし**…冬は寒さが厳しいが，夏は30℃近くになることもある。窓を二重,三重にして寒さを防ぐ。**永久凍土**が広がり，**針葉樹林（タイガ）**がみられる。

◉ **高い地域の暮らし**
❶ **アンデス山脈の暮らし**…日差しが強く，昼と夜の気温差が20〜30℃にもなる高山気候。**リャマやアルパカ**を放牧し，とうもろこしやじゃがいもを栽培。ポンチョを着用し，石の家や日干しれんがの家が見られる。

Step 1 基礎力チェック問題

解答▶ 別冊p.4

1 次の〔 〕に当てはまるものを選ぶか，当てはまる言葉を書きなさい。

☑ (1) イタリアやスペインは夏に〔 タロいも オリーブ 〕などを栽培し，冬に穀物の〔　　　　　　〕を栽培する。

☑ (2) カナダ北部の北極圏では，先住民の〔　　　　　　〕と呼ばれる人々があざらしや〔 カリブー 牛 〕を狩る生活をしてきた。

☑ (3) 寒帯や冷帯には年間を通して凍結している〔　　　　　　〕がある。

☑ (4) アンデス山脈の標高が高い地域は，日差しが強く，昼と夜の気温差が20〜30℃にもなる〔　　　　　　〕気候である。

得点アップアドバイス

1

確認 **高い地域の気候**

(4) 標高が100m高くなるとおよそ0.6℃気温が下がるため，アンデス山脈の標高の高い地域は，赤道付近でも1年を通して涼しい気候である。

2 【温暖な地域の暮らし】
右の写真を見て，次の問いに答えなさい。

(Cynet Photo)

☑(1) 右の写真は，イタリアのぶどう畑である。この地域の気候の特色について述べた文として適切なものを，次の**ア〜エ**から１つ選び，記号で答えなさい。
　　ア　１年を通して暑く，降水量が多い。
　　イ　１年を通して，雨がほとんど降らない。
　　ウ　夏は暑く乾燥（かんそう）し，冬に降水量が多くなる。
　　エ　夏は暑く降水量が多く，冬は乾燥する。　　〔　　　　〕

☑(2) イタリアにみられる伝統的な家を，次の**ア〜ウ**から１つ選び，記号で答えなさい。
　　ア　日干しれんがの家　　　**イ**　石造りの家　　　**ウ**　移動式の家
　　　　　　　　　　　　　　　　　　　　　　　　　　　　〔　　　　〕

3 【寒い地域の暮らし】
右の地図を見て，次の問いに答えなさい。

☑(1) 大部分が冷帯（れいたい）に属する地図中の**X**の地域を何というか。　　〔　　　　　　〕

☑(2) **X**の地域には，寒さに強い針葉樹林が広がっている。これをカタカナで何というか。
　　　　　　　　　　　　　　　　　　　　〔　　　　　　〕

☑(3) **X**の地域の住居について述べた，次の◯◯◯に適する語を答えなさい。
　　◇　建物の熱で永久凍土（えいきゅうとうど）がとけて，家が傾（かたむ）かないように，コンクリートの◯◯◯の建物が見られる。　　　　　〔　　　　　　〕

4 【高い地域の暮らし】
右の地図を見て，次の問いに答えなさい。

☑(1) 地図中の**X**の山脈を何というか。
　　　　　　　　　　　　　　　〔　　　　　　〕

☑(2) **X**の山脈の標高4000 m以上の地域で暮らす人々が放牧している，寒さに強い家畜（かちく）はアルパカともう１種は何か。　　〔　　　　　　〕

☑(3) **X**の山脈の標高の高い地域で暮らす人々が，寒さと強い日差しを防ぐために着ている，アルパカの毛でつくられた衣服を何というか。次の**ア〜ウ**から１つ選び，記号で答えなさい。
　　ア　ゲル　　**イ**　サリー　　　**ウ**　ポンチョ　　　〔　　　　〕

 得点アップアドバイス

2 ‥‥‥‥‥‥‥‥

確認 地中海性気候

(1) イタリアやスペインは温帯の地中海性（おんたい）（ちちゅうかい）気候で，夏はぶどうやオリーブの栽培がさかんである。

3 ‥‥‥‥‥‥‥‥

4 ‥‥‥‥‥‥‥‥

テストで注意 世界の主な山脈

(1) 北アメリカ大陸に連なる山脈はロッキー山脈。

高山気候は気温差が大きいので，温度の調整がしやすい服装をしているよ。

2 さまざまな地域の暮らし②

1 【温暖な地域の暮らし】
　右の資料1，2を見て，次の問いに答えなさい。

よくでる(1)　資料1は，イタリアのローマの雨温
　　図である。ローマが属している気候の
　　名称を，次のア～ウから1つ選び，記
　　号で答えなさい。　　　　　　〔　　　〕
　　ア　西岸海洋性気候
　　イ　地中海性気候　ウ　温暖湿潤気候

資料1

気温　降水量
年平均気温
15.6℃
年降水量
706.6mm
1月　6　　12
(2021年版「理科年表」ほか)

資料2

(Cynet Photo)

ミス注意(2)　(1)の気候の地域で栽培がさかんな作
　　物を，次のア～エから1つ選び，記号で答えなさい。
　　ア　りんご　　　イ　ぶどう　　　ウ　パイナップル　　　エ　バナナ　　〔　　　〕

ハイレベル(3)　資料2は，(1)の気候の地域にみられる町並みである。資料2のように家の壁が白く
　　塗られている理由を，簡潔に書きなさい。
　　〔　　〕

2 【寒い地域の暮らし】
　右の地図を見て，次の問いに答えなさい。

(1)　地図中のXで示した北緯66度33分より北の地域を
　　何というか。　　　　　　　　　　〔　　　　　　　〕

よくでる(2)　地図中のカナダの北部では，古くから狩りをして暮
　　らしてきた，先住民の人々がいる。このような人々を
　　何というか。　　　　　　　　　　〔　　　　　　　〕

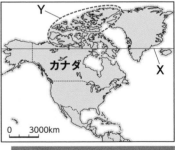

(3)　右の写真は，(2)の人々が，冬の狩りのときに利用す
　　る住居である。この住居を何というか。
　　　　　　　　　　　　　　　　　　〔　　　　　　　〕

(4)　(2)の人々の伝統的な衣服は，ある動物の毛皮を利用
　　してつくられている。この動物としてあてはまるもの
　　を，次のア～エから1つ選び，記号で答えなさい。
　　　　　　　　　　　　　　　　　　〔　　　　　　　〕

(Cynet Photo)

　　ア　アルパカ　　　イ　羊　　　ウ　らくだ　　　エ　カリブー

思考(5)　地図中のYの地域は，ツンドラ気候に属する。ツンドラとはどのような地域か，「夏」
　　という語句を使い，簡潔に書きなさい。
　　〔

③ 【高い地域の暮らし】
右の地図を見て，次の問いに答えなさい。

(1) 地図中の **X** は，国土の西部にアンデス山脈が連なる国である。この国の名称を答えなさい。〔　　　　　　〕

✔よくでる (2) (1)の国の，アンデス山脈の標高の高い地域の気候として最も適切なものを，次の**ア**〜**エ**から１つ選び，記号で答えなさい。〔　　　　　　〕

　ア　１年の間の気温差が大きい。
　イ　昼と夜の気温差が大きい。
　ウ　１年を通して気温が高く，雨が少ない。
　エ　１年を通して気温が低く，雨が多い。

(3) **資料**は，アンデス山脈の高地で飼育されている動物である。**資料**を参考にして，次の　ア　，　イ　に適する動物名を答えなさい。

資料

（ピクスタ）　　　（ピクスタ）

　◇　主に　ア　は荷物の運搬に使われ，　イ　の毛はポンチョなどの衣類の材料に利用される。

ア〔　　　　　　〕　イ〔　　　　　　〕

入試レベル問題に挑戦

④ 【高い地域の暮らし】
右のアンデス山脈の標高を表した図を見て，次の問いに答えなさい。

(1) 図中の **A** 〜 **D** の土地利用にあてはまるものを，次の**ア**〜**エ**から１つずつ選び，記号で答えなさい。
　ア　かんきつ類・熱帯作物の栽培
　イ　とうもろこしの栽培
　ウ　リャマ・アルパカの放牧
　エ　いも類の栽培

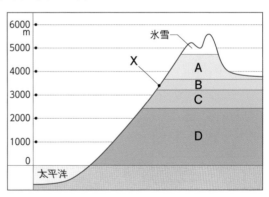

　　　　A〔　　　〕　B〔　　　〕
　　　　C〔　　　〕　D〔　　　〕

(2) ペルーの都市クスコは，図中のおよそ **X** の標高に位置する。右は東京とクスコの雨温図である。クスコの雨温図を，**ア**・**イ**から選び，記号で答えなさい。
〔　　　　　　〕

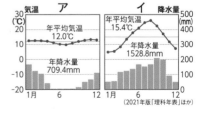

（2021年版「理科年表」ほか）

💡 **ヒント**

(1) じゃがいもは，日本では北海道でさかんに栽培されている。
(2) クスコは標高が3000mを超え，１年を通して気温の変化は少ない。

3 世界の衣食住と宗教

リンク
ニューコース参考書
中学地理
p.74〜77

攻略のコツ 気候に合った衣服や食事，住居を理解し，宗教と暮らしの関わりをつかもう。

テストに出る! 重要ポイント

● **世界各地の衣食住とその変化**

❶ 衣服…暑い地域→風通しのよい衣服。寒い地域→保温性の高い動物の毛皮を利用した衣服。**乾燥地域**→強い日差しと砂ぼこりから守るための衣服。**宗教**の教えに基づいた衣服。

❷ 食事…主食→**米**（東アジア，東南アジア），**小麦**（ヨーロッパをはじめ世界各地），とうもろこし（中央アメリカやアフリカ東部・南部），いも類（南アメリカやオセアニアの島々）など。

❸ 住居…木の住居（熱帯雨林や針葉樹林の地域），土の住居（乾燥地域の日干しれんがの家など），石の住居（木が少ない地域）など。

● **宗教と暮らしの関わり**

❶ 世界の宗教…**仏教**（東南アジアから東アジア），**キリスト教**（ヨーロッパ，南北アメリカ，オセアニア）。**イスラム教**（西アジア，北アフリカ，中央アジア，東南アジア）。ほかに，**ヒンドゥー教**（インドなど）や**ユダヤ教**，**神道**など。

❷ 宗教と暮らし…仏教の教典は「経」で，タイでは出家の習慣がある。キリスト教の教典は「聖書」で，日曜日に礼拝を行う。イスラム教は教典の「コーラン（クルアーン）」に基づいた生活を送り，1日5回，聖地メッカの方角を向き礼拝を行う。また，断食の習慣もある。

Step 1 基礎力チェック問題

解答 別冊p.5

1 次の〔　　〕に当てはまるものを選ぶか，当てはまる言葉を書きなさい。

☑ (1) 東アジア，東南アジアで主食の穀物は〔　　　　　　　〕である。

☑ (2) 熱帯雨林や針葉樹林が広がる地域では〔　木　　石　〕の家が多い。

☑ (3) 三大宗教とは，仏教，イスラム教，〔　　　　　　　〕である。

☑ (4) イスラム教の教典である〔　　　　　　　〕には，イスラム教徒の守るべきことが記されている。

☑ (5) インドでは80%以上の人が〔　　　　　　〕を信仰している。

得点アップアドバイス

1 ‥‥‥‥‥‥‥‥‥

確認 イスラム教の教典

(4) 唯一神の「アッラー（アラー）」を信仰することや，日常生活で守るべきことが記されている。

2 【世界各地の衣食住とその変化】
次の世界の気候帯と家の主な材料を示した地図を見て，あとの問いに答えなさい。

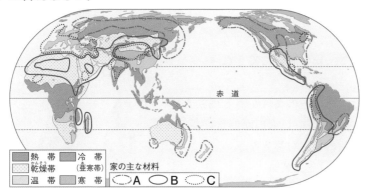

☑(1)　地図中の**A〜C**は，どのような家が多い地域か。次の**ア〜ウ**から1つずつ選び，記号で答えなさい。

　　ア　土の家　　　**イ**　木の家　　　**ウ**　石の家

　　　　　　　　　　　A〔　　　〕**B**〔　　　〕**C**〔　　　〕

☑(2)　次の①，②の説明に当てはまる民族衣装をそれぞれ答えなさい。

　　①　インドの女性が着る，1枚の布を体に巻く衣装。〔　　　　　　〕
　　②　朝鮮半島の女性が着る伝統的な衣装。　　　　　〔　　　　　　〕

ヒント　民族衣装

(2)　民族衣装には，ポンチョ，チマ・チョゴリ，サリー，チャドル，アオザイ，日本の着物などがある。

3 【宗教と暮らしの関わり】
次の世界の宗教分布の地図を見て，あとの問いに答えなさい。

3 ‥‥‥‥‥‥‥

☑(1)　地図中の**A〜C**の地域は，世界の三大宗教のいずれかが分布している地域である。当てはまる宗教を，次の**ア〜エ**から1つずつ選び，記号で答えなさい。　　　　　**A**〔　　　〕**B**〔　　　〕**C**〔　　　〕

　　ア　キリスト教　　**イ**　イスラム教　　**ウ**　ユダヤ教　　**エ**　仏教

☑(2)　**A〜C**の宗教の特徴を，次の**ア〜ウ**から1つずつ選び，記号で答えなさい。　　　　　　　　　**A**〔　　　〕**B**〔　　　〕**C**〔　　　〕

　　ア　1日に5回，聖地メッカに向かって祈りをささげる。

　　イ　たくはつの習慣がある。

　　ウ　日曜日には教会に行き，祈りをささげる。

☑(3)　**D**の宗教は，インドやネパールに信者が多い。この宗教を何というか。

　　　　　　　　　　　　　　　　　　　　　　　　〔　　　　　　　〕

確認　宗教の分布

(1)　仏教…東南アジア，東アジアなど。キリスト教…ヨーロッパ，南北アメリカなど。イスラム教…西アジア，北アフリカ，中央アジア，インドネシアなど。

ヒント　宗教の特徴

(2)　**ア**　メッカはサウジアラビアにある。

1 【世界各地の衣食住とその変化】
　右の資料1〜3を見て，次の問いに答えなさい。

資料1

A　　　　B　　　　C

(1)　**資料1**中の**A**は，ある国の女性が着る民族衣装_{いしょう}である。南アジアのこの国は，人口が非常に多い。この国名と民族衣装の名称_{めいしょう}を答えなさい。

国名〔　　　　　〕　衣装〔　　　　　　　〕

(2)　(1)の国では，宗教との関係から，ある動物が神_{しん}聖_{せい}なものとされている。ある動物とは何か。
〔　　　　　　　〕

(3)　(1)の国では，小麦粉_{こむぎこ}を水でねって薄_{うす}く伸_のばして焼いたものを，カレーなどと合わせて食べている。これを何というか。
〔　　　　　　　〕

✓よくでる (4)　**資料1**中の**B**は，ある宗教の信者の女性の衣装で，肌_{はだ}を見せないために黒い布で体を覆_{おお}っている。世界の三大宗教の1つでもあるこの宗教の名称を答えなさい。
〔　　　　　　　〕

(5)　**資料1**中の**C**はどこの国の民族衣装か。次の**ア〜エ**から1つ選び，記号で答えなさい。
ア　中国_{ちゅうごく}　　イ　韓国_{かんこく}　　ウ　日本　　エ　モンゴル　　〔　　　　〕

(6)　**資料2**は，トルティーヤと呼ばれるパンである。トルティーヤは，一般_{いっぱん}的なパンと異なり，小麦粉ではないものを使ってつくる。何が使われるか。
〔　　　　　　　〕

資料2

（ピクスタ）

ハイレベル (7)　**資料2**のトルティーヤはどこの伝統料理か。当てはまる地域を，次の**ア〜エ**から1つ選び，記号で答えなさい。
ア　中央アメリカ　　イ　北ヨーロッパ
ウ　東アジア　　　　エ　オーストラリア
〔　　　　〕

資料3

（ピクスタ）

(8)　**資料3**の建物がみられる地域を，次の**ア〜エ**から1つ選び，記号で答えなさい。
ア　東南アジア　　イ　地中海沿岸_{ちちゅうかいえんがん}
ウ　北アフリカ　　エ　シベリア
〔　　　　〕

(9)　**資料3**の建物の材料となる，こねた土を乾燥_{かんそう}させてつくったれんがを何というか。
〔　　　　　　　〕

思考 (10)　**資料3**の建物がみられる地域では，伝統的に長そでで，丈_{たけ}の長い衣服が着用されている。その理由を，自然環境の面から簡潔に書きなさい。
〔　　　　　　　〕

2 【宗教と暮らしの関わり】

次のA〜Cの資料を見て，あとの問いに答えなさい。

A

B

C

(Cynet Photo)　　　　(Cynet Photo)　　　　(Cynet Photo)

✓よくでる (1)　A〜Cは，世界の三大宗教の祈りの様子である。宗教名をそれぞれ答えなさい。

A〔　　　　　〕　B〔　　　　　〕　C〔　　　　　〕

(2)　Aの宗教と関係の深いことがらを，次のア〜エから2つ選び，記号で答えなさい。

ア　クリスマス　　イ　たくはつ　　ウ　西暦　　エ　モスク　〔　　〕〔　　〕

(3)　Bの宗教の信者が多い国を，次のア〜エから1つ選び，記号で答えなさい。

ア　パキスタン　　イ　メキシコ　　ウ　タイ　　エ　イラン　　　〔　　　〕

ミス注意 (4)　Cの宗教について，この宗教の教えで食べることが禁止されている肉を，次のア〜エから1つ選び，記号で答えなさい。　〔　　　〕

ア　牛肉　　イ　羊肉　　ウ　豚肉　　エ　鶏肉

入試レベル問題に挑戦

3 【世界各地の衣食住とその変化】【宗教と暮らしの関わり】

Sさんのクラスでは，世界の国のカードを作成した。右のA，Bは，作成したカードの一部であり，それぞれの国の大まかな形が描かれ，首都の位置が。で示されている。また，カードの裏には，その国の特色が書かれている。これについて，次の問いに答えなさい。

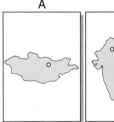
A　　　　B

(1)　下線部aについて，この住居の写真として適切なものを，次のア〜ウから1つ選び，記号で答えなさい。

ア

イ

ウ

(ピクスタ)　　(Cynet Photo)　　(ピクスタ)

〔　　　〕

◇中国の北にある国
◇草原で家畜を飼って生活する人々がいて，住居のaゲルが有名な国

◇南アジアの国
◇bガンジス川で身を清める人々がみられることで有名な国

(2)　下線部bに関連する宗教は，Bの国で暮らす人々の大多数に信仰されている。この宗教を何というか。

〔　　　　　〕

ヒント

(1)　ゲルは組み立て式なので，移動に便利な住居である。

(2)　bは沐浴のこと。ガンジス川は聖なる川で，すべての罪を清めるとされる。

定期テスト予想問題 ①

時間 ▶ 50分
解答 ▶ 別冊p.6

得点 ／100

出題範囲：世界の姿～世界各地の人々の生活と環境

1 右の図を見て，次の各問いに答えなさい。

【(5)理由は3点，ほかは2点×12】

(1) 図Ⅰと図Ⅱは，それぞれどのような
地図か。次の**ア**～**ウ**から1つずつ選び，
記号で答えなさい。
ア 面積が正しい地図。
イ 緯線と経線が直角に交わる地図。
ウ 中心からの距離と方位が正しい地図。

(2) 図Ⅰと図Ⅱは，どのように利用され
てきたか。次の**ア**～**ウ**から1つずつ選び，記号で答
えなさい。
ア 航空図 **イ** 分布図 **ウ** 航海図

(3) ①本初子午線と②赤道を示しているものを，図Ⅰ
中の**ア**～**ク**からそれぞれ1つずつ選び，記号で答え
なさい。

(4) 1つの国で構成される大陸を，図Ⅰ中の**A**～**F**か
ら1つ選び，記号と大陸名を答えなさい。

(5) 図Ⅰ中の**E**の大陸と**X**の島では，実際にはどちら
の面積が大きいか。記号とその理由を簡潔に書きなさい。

(6) 三大洋のうち，図Ⅰ中の**D**の大陸が面していない大洋名を答えなさい。

(7) 東京からロンドンへの最短コースを，図Ⅰ中の**a**，**b**，図Ⅱ中の**c**，**d**から1つず
つ選び，記号で答えなさい。

(1)	図Ⅰ		図Ⅱ		(2)	図Ⅰ		図Ⅱ		(3)	①		②	
(4)	記号		大陸			(5)	記号		理由					
					(6)				(7)	図Ⅰ		図Ⅱ		

2 次の**A**～**E**は，5つの大陸を略図で描いたものである。このうち，赤道が通る大陸，本
初子午線が通る大陸を，**A**～**E**から2つずつ選びなさい。

【2点(完答)×2】

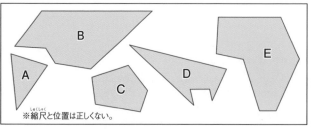

※縮尺と位置は正しくない。

赤道	・
本初子午線	・

3 日本の姿について，資料を見て次の各問いに答えなさい。　　　　　　【2点×10】

(1) 日本の位置・範囲について述べた，次の文の①〜③に当てはまる語句を答えなさい。

　◇　日本は北緯約20〜46度，東経約122〜154度の間にあり，（　①　）大陸の東に
　　位置する。周りを日本海，太平洋，オホーツク海，東シナ海に囲まれた（　②　）
　　国で，北海道，（　③　），四国，九州の4つの大きな島と周辺の小島からなる。

(2) 日本と同じ緯度に含まれる国をⅠ群のア〜エから，日本と同じ経度に含まれる国を
　Ⅱ群のオ〜クから1つずつ選び，記号で答えなさい。
　Ⅰ群　ア　イギリス　　イ　ドイツ　　ウ　スペイン　　エ　オランダ
　Ⅱ群　オ　オーストラリア　カ　インド　キ　ニュージーランド　ク　マレーシア

定期テスト予想問題①

(3) 資料Ⅰの地図に
おいて，Aの島々
を何というか。ま
た，日本の東端で
あるBの島の名前
を答えなさい。

資料Ⅰ

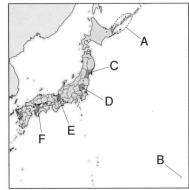

資料Ⅱ

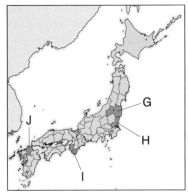

(4) 資料Ⅰの地図に
おいて，C〜Fの
県は県名と県庁所
在地名が異なって
いる県だが，その組み合わせとして正し
いものを，次のア〜エから1つ選び，記
号で答えなさい。
　ア　C－盛岡市　　イ　D－前橋市
　ウ　E－大津市　　エ　F－高松市

資料Ⅲ

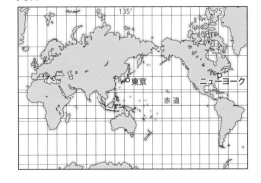

(5) 資料Ⅱの地図において，日本を7地方
に分けた場合，G〜Jの県が属する地方
の組み合わせとして正しいものを，次の
ア〜エから1つ選び，記号で答えなさい。
　ア　G－関東地方　　イ　H－東北地方
　ウ　I－近畿地方　　エ　J－中国・四国地方

(6) 資料Ⅲの地図において，東京が4月1日午前9時のとき，アメリカのニューヨーク
は何月何日の何時か。次のア〜エから1つ選び，記号で答えなさい。なお，ニューヨー
クは西経75度の経線を標準時子午線としている。
　ア　4月1日午後1時　　　イ　4月1日午前5時
　ウ　4月1日午後11時　　　エ　3月31日午後7時

(1)	①		②		③		(2)	Ⅰ群		Ⅱ群
(3)	A		B		(4)		(5)		(6)	

次の写真と地図を見て，あとの各問いに答えなさい。

【(3)(7)は各4点，ほかは2点×10】

Ⅰ

Ⅱ

Ⅲ

Ⅳ

(Cynet Photo)　　　　　　（ピクスタ）　　　　　　（ピクスタ）　　　　　　（ピクスタ）

(1)　Ⅰの写真の衣装は，ある国の女性が着る伝統的な民族衣装である。次の各問いに答えなさい。

①　この衣装を何というか。

②　ある国とはどこか。地図中のA～Jから1つ選び，記号と国名を答えなさい。

(2)　Ⅱの写真は，ゲルと呼ばれる移動に便利な住居である。次の問いに答えなさい。

①　ゲルが使われている国を，地図中のA～Jから1つ選び，記号と国名を答えなさい。

②　ゲルは，どのような気候帯の地域でみられるか。次のア～エから1つ選び，記号で答えなさい。

ア　乾燥帯　　イ　熱帯　　ウ　冷帯（亜寒帯）　　エ　温帯

(3)　Ⅲの写真の住居は，地図中のPの地域やQの国などで見られる。この住居の特色を「湿気」という語句を使って，簡潔に書きなさい。

(4)　Ⅳの写真は，地図中のRの国やSの国などでみられる針葉樹林である。これを何というか。カタカナで書きなさい。

(5)　地図中のSの国は，2つの州にまたがっている。2つの州名を答えなさい。

(6)　地図中のXの国の国名には，スペイン語で何という意味があるか。漢字2字で答えなさい。

(7)　地図中のYの大陸に直線的な国境線の国が多い理由を，「植民地」という語句を使って，簡潔に書きなさい。

(1)	①		②	・		(2)	①	・
②		(3)						
(4)			(5)				(6)	
(7)								

26

5 右の地図や写真を見て，次の各問いに答えなさい。

【(5)は3点，ほかは2点×9】

(1) Ⅰの写真は，三大宗教の1つであり，地図中の**A**に分布する宗教の祈りの様子である。この宗教を何というか。

(2) (1)の宗教についての説明として適切でないものを，次の**ア**〜**エ**から1つ選び，記号で答えなさい。

ア この宗教を開いたのはイエス＝キリストである。

イ 祈りをささげている建物をモスクという。

ウ この宗教の教典は「聖書」である。

エ 食事の前に祈りをささげる習慣がある。

主な宗教の分布

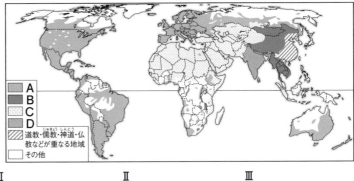

A
B
C
D
道教・儒教・神道・仏教などが重なる地域
その他

Ⅰ

(Cynet Photo)

Ⅱ

(Alamy/PPS通信社)

Ⅲ

(Cynet Photo)

(3) 地図中の**B**の宗教は，日本でも多くの人が信仰している。この宗教を何というか。

(4) 地図中の**C**の宗教には，さまざまなきまりごとがある。これについて述べた次の文の ▢ に当てはまる語を答えなさい。

① 信者は，1日に5回，聖地 ▢ に向かって祈りをささげる。

② 年に約1か月間は ▢ を行い，夜明けから日没まで飲食をしない。

(5) Ⅱの写真は，**C**の宗教の信者である女性が着用する衣装の1つである。このような衣装を着ている理由を，簡潔に書きなさい。

(6) Ⅲの写真は，地図中の**D**の宗教の信者が多い国の女性が着る民族衣装である。次の問いに答えなさい。

① この民族衣装を何というか。

② **D**の宗教を何というか。

(7) 地図中の**C**の宗教，**D**の宗教では，それぞれある動物の肉を食べることが禁止されている。それぞれの動物名を答えなさい。

(1)		(2)	(3)		(4)①

②		(5)			

(6)①		②		(7) C	D

4 アジア州

リンク
ニューコース参考書
中学地理
p.88~99

攻略のコツ アジア州の自然環境と経済発展, 資源などについてつかもう。

テストに出る! **重要ポイント**

- ● **アジア州の自然環境と文化**
  - ❶ 地形…**ヒマラヤ山脈**(「世界の屋根」と呼ばれる)や**長江**, メコン川, ガンジス川などの大河。
  - ❷ 気候…東南アジアや南アジア, 東アジアの一部は**季節風(モンスーン)** の影響, 西アジアは**乾燥帯**。
  - ❸ 文化…仏教, イスラム教, ヒンドゥー教など。

- ● **中国と韓国の発展**
  - ❶ 中国の人口…14億人を超え, 一人っ子政策で人口抑制。多民族国家で**漢族(漢民族)** と55の少数民族。
  - ❷ 中国の経済…沿岸部に**経済特区**を設置し, 外国企業を誘致→工業化が進む。経済格差や大気汚染が問題。
  - ❸ 韓国…アジアNIESの一つ。首都はソウル。**ハングル**を使用。

- ● **アジア各地の様子**
  - ❶ 東南アジア…**東南アジア諸国連合(ASEAN)** を結成。都市部に人口が集中→大気汚染や交通渋滞が発生。**プランテーション(大農園)** で天然ゴム, バナナ, 油やし。
  - ❷ 南アジア…ガンジス川中・下流域で稲作, スリランカで茶。インドで**情報通信技術(ICT)関連産業**が発達。
  - ❸ 西アジア…**イスラム教徒**が多い。コーランに従い生活。ペルシャ湾岸は世界最大の**石油(原油)** の産出地。
  - ❹ 中央アジア…石油, 天然ガス, **レアメタル**などが豊富。
    └→希少金属

Step 1 基礎力チェック問題

解答 別冊p.7

1 次の〔 〕に当てはまるものを選ぶか, 当てはまる言葉を書きなさい。

- ☑ (1) ネパールと中国の国境には〔   〕山脈が連なる。
- ☑ (2) 中国は人口抑制のため〔   〕政策を行っていた。
- ☑ (3) 韓国は, 〔 ソウル ペキン 〕を首都としている。
- ☑ (4) 東南アジアでは, 〔   〕と呼ばれる大農園で, 天然ゴム, バナナ, 油やしなどを栽培している。
- ☑ (5) インドでは〔 ICT NIES 〕関連産業が急成長した。
- ☑ (6) 西アジアには〔 イスラム教 ヒンドゥー教 〕の信者が多い。

得点アップアドバイス

1 ....

 **中国の人口対策**

(2) 2015年に廃止された政策。

 ヒンドゥー教

(6) ヒンドゥー教はインドに信者が多い。

2 【アジア州の自然環境と文化】
右の地図を見て，次の問いに答えなさい。

☑(1) 地図中の**A**の山脈名，**B**の河川名を書きなさい。

A〔　　　　　　　　　〕

B〔　　　　　　　　　〕

☑(2) 地図中の**ア**と**イ**は，季節風の向きを表している。夏の風向きを選び，記号で答えなさい。　〔　　　〕

☑(3) 地図中の**X**の半島には，ある宗教の聖地であるメッカがある。ある宗教とは何か。
〔　　　　　　　　　　　〕

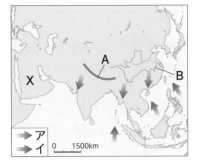

3 【中国と韓国の発展】【アジア各地の様子】
右の地図を見て，次の問いに答えなさい。

☑(1) 次の①～③の文に当てはまる国を，地図中の**A**～**E**から1つずつ選び，記号と国名を答えなさい。

① ICT（情報通信技術）関連産業が発達し，近年は南部のベンガルールなどに海外企業が進出した。
〔　　　・　　　〕

② ASEANの原加盟国であるこの国は，天然ゴムや木材などの一次産品が輸出の中心だったが，現在は機械類の輸出がさかんである。
〔　　　・　　　〕

③ 沿岸部に経済特区を設置し，外国企業を誘致したことで，工業が発展し，世界の工場と呼ばれるようになった。〔　　　・　　　〕

☑(2) 地図中の**B**の国は，1970年代から工業が発達した国や地域の1つである。このようなアジアの国や地域を何というか。　〔　　　　　　　〕

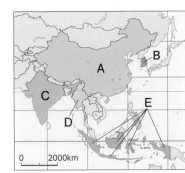

4 【アジア各地の様子】
右の地図を見て，次の問いに答えなさい。

☑(1) 世界有数の原油埋蔵量の国で，日本の最大の原油輸入相手国を，地図中の**ア**～**エ**から1つ選び，記号で答えなさい。　〔　　　〕

☑(2) 地図中の で示された国は，1991年に解体された国を構成していた。解体された国を答えなさい。
〔　　　　　　　　　　　〕

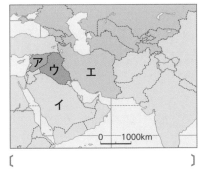

✓得点アップアドバイス

2

確認 **季節風**

(2) 季節によって吹く方向が変わる風。気候に大きな影響を与える。

3

ヒント **アジアの国々**

(1) ① 「ICT」と「ベンガルール」がキーワード。② 「ASEAN」の原加盟国や「天然ゴム」がキーワード。③ 「経済特区」がキーワード。

ASEANは東南アジア諸国連合の略称だよ。

確認 **NIES**

(2) NIESは新興工業経済地域の略称。

4

ヒント **原油の輸入相手国**

(1) ア～エの国名は，シリア，イラク，サウジアラビア，イランのいずれかである。

1 【アジア州の自然環境と文化】【中国と韓国の発展】
右の地図を見て，次の問いに答えなさい。

(1) 地図中の**X**は，世界で3番目の長さの河
川である。この河川名を書きなさい。
〔　　　　　　　〕

ミス注意 (2) 地図中の**A～C**の地域では，どのような
農業が行われているか。次の**ア～ウ**から1
つずつ選び，記号で答えなさい。
　ア　稲作がさかんで，チュー川流域などで
　　は米の二期作も行われている。
　イ　羊ややぎなどの家畜を飼育し，その乳
　　や肉を食料とする牧畜がさかんである。
　ウ　小麦やとうもろこしなどをつくる畑作が行われている。

A〔　　　〕 B〔　　　〕 C〔　　　〕

(3) **B，C**の地域は，それぞれどのような気候の地域か。次の**ア～ウ**から1つずつ選び，
記号で答えなさい。
　ア　降水量が少ない地域　　イ　降水量が多い地域　　ウ　全く雨が降らない地域
B〔　　　〕 C〔　　　〕

2 【中国と韓国の発展】【アジア各地の様子】
右の地図Ⅰ，Ⅱを見て，次の問いに答えなさい。

(1) **Ⅰ**図において，**A**国の**ア～エ**
の都市のうち，「インドのシリ
コンバレー」と呼ばれるベンガ
ルールを1つ選び，記号で答え
なさい。　　　〔　　　〕

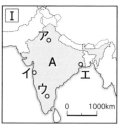
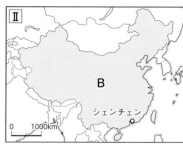

よくでる (2) **Ⅰ**図中の**A**国ではICT関連産業が発達している。
ICTとは何のことか。
〔　　　　　　　　　　　　　　〕

思考 (3) **Ⅱ**図中の**B**国の沿岸部には，1980年ごろからシェンチェンなどに経済特区が設けら
れ，工業化が急速に進んだ。その理由を，「賃金」「外国企業」という2つの語句を使い，
簡潔に書きなさい。
〔　　　　　　　　　　　　　　　　　　　　　　　　　　　　　　　〕

(4) 現在，**B**国では沿岸部の都市が発展し，沿岸部と内陸部との経済（　　）が拡大す
るという大きな社会問題も起きている。（　　）に当てはまる語句を書きなさい。
〔　　　　　　　〕

3 【アジア各地の様子】
右の地図Ⅰ, Ⅱを見て, 次の問いに答えなさい。

✓よくでる (1) Ⅰ図中の□□の国々は, ASEAN（アセアン）と呼ばれる組織をつくっている。この組織の正式名称（めいしょう）を書きなさい。
〔　　　　　　　　　〕

(2) Ⅰ図中のA〜Cの国の輸出品目別割合を示したグラフを, 右のア〜ウから1つずつ選び, 記号で答えなさい。

A〔　　〕 B〔　　〕 C〔　　〕

(3) Ⅰ図中のBの国は, マレー系や中国（ちゅうごく）系, インド系の人々などからなる国家で, 多様な宗教が信仰（しんこう）されている。このような国家を何というか。
〔　　　　　　　　　〕

(4) Ⅱ図中のPの湾岸（わんがん）は世界最大の石油の産出地である。この湾を何というか。
〔　　　　　　　　　〕

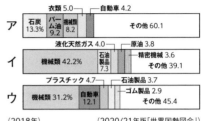

衣類 5.0　自動車 4.2
ア　石炭 13.3%　パーム油 9.2　機械類 8.2　その他 60.1

液化天然ガス 4.0　原油 3.8
イ　機械類 42.2%　石油製品 7.3　精密機械 3.6　その他 39.1

プラスチック 4.7　石油製品 3.7
ウ　機械類 31.2%　自動車 12.1　ゴム製品 2.9　その他 45.4

(2018年)　(2020/21年版「世界国勢図会」)

石油　■
パイプライン　—

入試レベル問題に挑戦

4 【中国と韓国の発展】【アジア各地の様子】
右の資料1〜3を見て, 次の問いに答えなさい。

(1) 資料1は, 中国のある指標を地域別に示したものである。この指標を説明したものとして最も適切なものを, 次のア〜エから1つ選び, 記号で答えなさい。
ア　農業人口の割合を示している。
イ　1人あたりのGDPを示している。
ウ　石油・石炭の合計産出量を示している。
エ　65歳以上の人口の割合を示している。
〔　　〕

資料1　中国について, ある指標を地域別に示したもの
(2019年)
高・多 / 低・少
(2021年版「データブック オブ・ザ・ワールド」)

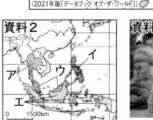
資料2

資料3
(Cynet Photo)

(2) 資料3の写真は, 資料2のア〜エのいずれかの国で, 最も多くの人が信仰（しんこう）している宗教の様子である。この国を1つ選び, 記号と国名を答えなさい。
記号〔　　〕 国名〔　　　　　　〕

✎ ヒント
(1) 資源の豊かな北部と工業化の進んだ沿岸部が高い（多い）ことに着目する。
(2) 資料3は仏教寺院の僧侶（そうりょ）の修行の様子である。

5 ヨーロッパ州

攻略のコツ　ヨーロッパ州の自然環境とEUの政策，農業・工業などについてつかもう。

テストに出る！ **重要ポイント**

● **ヨーロッパ州の自然環境と文化**
- ❶ 地形…中央部に**アルプス山脈**，北部に**フィヨルド**。
- ❷ 気候…北大西洋海流と**偏西風**の影響で，高緯度のわりに温暖。
- ❸ 文化…ラテン系言語，ゲルマン系言語，スラブ系言語が分布。キリスト教の教えに基づいた生活。

● **EUの成り立ちと影響**
- ❶ EUの目的…ヨーロッパで戦争を起こさないという思いを背景に，大国に対抗し，ヨーロッパの統合を目指す組織。
- ❷ 政策…共通通貨**ユーロ**の導入，関税の撤廃。└─輸入品にかかる税金
- ❸ 課題…加盟国間の経済格差，移民の増加など。

● **ヨーロッパの農業**
- ❶ 地域ごとに異なる農業…アルプス山脈の北側は**混合農業**や**酪農**が，南側は**地中海式農業**がさかん。
- ❷ フランスの農業…「**EUの穀倉**」と呼ばれ，小麦は世界有数の生産量と輸出量。食料自給率が高い。

● **ヨーロッパの工業**
- ❶ 歩み…18世紀にイギリスで産業革命。ライン川周辺で石炭，鉄鉱石を原料に重工業が発達。
- ❷ 国境を越えた工業…国際的な分業で**航空機**を生産。

● **環境問題への取り組み**
- ❶ 環境問題…酸性雨，地球温暖化，河川や大気の汚染など。
- ❷ 取り組み…パークアンドライド，**再生可能エネルギー**。

Step 1　基礎力チェック問題

解答➡　別冊p.8

1 次の〔　　〕に当てはまるものを選ぶか，当てはまる言葉を書きなさい。

☑ (1) ヨーロッパ州は，〔　　　　　　　〕大陸の西端に位置している。

☑ (2) ドイツでは〔　ゲルマン系　ラテン系　〕言語が使用されている。

☑ (3) 2002年に，EUの共通通貨〔　ユーロ　マルク　〕が導入された。

☑ (4) イタリアなどでは，夏に乾燥し，冬にやや雨の多い気候を利用して，〔　地中海式農業　混合農業　〕が行われている。

☑ (5) 工場の排出ガスなどが原因となる〔　　　　　　　〕が森林を枯らし，湖や川の生物に悪影響を与える。

得点アップアドバイス

1

確認　**ヨーロッパの言語**

(2) ラテン系は南部，ゲルマン系は北西部，スラブ系は東部に分布。

確認　**混合農業**

(4) えさとなる穀物を栽培し，家畜の飼育を行う。

2 【ヨーロッパ州の自然環境と文化】
右の地図を見て，次の問いに答えなさい。

☑ (1) 地図中の**A**の山脈名を書きなさい。
〔 　　　　　　 〕

☑ (2) 地図中の**B**の海岸沿いには，氷河によって侵食_{しんしょく}されてできた複雑な地形がみられる。このような地形を何というか。
〔 　　　　　　 〕

☑ (3) 地図中の███で示した国々で使われる言語として当てはまるものを次の**ア**〜**ウ**から1つ選び，記号で答えなさい。　〔 　　　 〕
ア スラブ系言語　**イ** アラブ系言語　**ウ** ゲルマン系言語

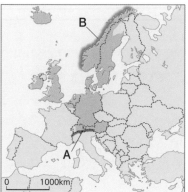

0 ── 1000km

3 【EUの成り立ちと影響】【ヨーロッパの農業・工業】
右の地図を見て，次の問いに答えなさい。

☑ (1) ███で示した国々はEU加盟国である。EUで導入されている共通通貨は何か。　〔 　　　 〕

☑ (2) 地図中の**X**の国は，「EUの穀倉_{こくそう}」と呼ばれ，EU最大の農業国である。国名を答えなさい。
〔 　　　　　　 〕

☑ (3) **X**の国が世界有数の生産量と輸出量を誇る農産物を次の**ア**〜**エ**から1つ選び，記号で答えなさい。
〔 　　　 〕
ア 米　**イ** 小麦　**ウ** とうもろこし　**エ** 大豆

☑ (4) 地図中の**Y**の国は，EU最大の工業国である。国名を答えなさい。
〔 　　　　　　 〕

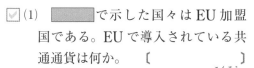

0 ── 800km

(2021年3月)

4 【環境問題への取り組み】
次の問いに答えなさい。

☑ (1) ヨーロッパでは環境問題対策として，二酸化炭素_{にさんかたんそ}の排出量を減らすため，自動車の利用を控_{ひか}える活動などが行われている。二酸化炭素の排出量の削減は主に何の対策のためか。　〔 　　　　　　 〕

☑ (2) (1)の自動車の利用を控えるため，都市中心部への自動車の乗り入れを規制し，電車やバスに乗り換えるしくみを取り入れている都市もある。このようなしくみを何というか。　〔 　　　　　　 〕

得点アップアドバイス

2 ‥‥‥‥‥

✔確認 **ヨーロッパの言語の分布**

(3) ゲルマン系言語，ラテン系言語，スラブ系言語の大きく三つの系統に分けられる。

同じ系統の言語は，同系統の民族の言葉が変化したものだよ。

3 ‥‥‥‥‥
ヒント **「EUの穀倉」**

(3) 穀倉という単語から穀物であるとわかる。雨の少ない地域で栽培される。

✔確認 **ルール工業地域**

(4) ライン川流域の**Y**のルール地方に広がるEU最大の工業地域。

4 ‥‥‥‥‥
ヒント **温室効果ガス**

(1) 二酸化炭素などは，熱を蓄えるはたらきがあり，温室効果ガスといわれる。

1 【ヨーロッパ州の自然環境と文化】
　右の地図を見て，次の問いに答えなさい。

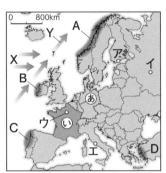

✓よくでる(1) ヨーロッパ西部の気候に影響を与えている，地図中の
　　 Xの風を何というか。　　　　　　〔　　　　　　〕

ミス注意(2) 地図中のYの海流を何というか。また，この海流は寒
　　 流，暖流のどちらか。　　　名称〔　　　　　　〕
　　　　　　　　　　　　　　　種類〔　　　　　　〕

(3) Ⅰ・Ⅱの雨温図は，地図中のア～エの都市のいずれか
　 のものである。あてはまる都市を1つずつ選び，記号で
　 答えなさい。　　　　　　Ⅰ〔　　　〕Ⅱ〔　　　〕

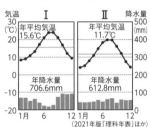

(2021年版「理科年表」ほか)

(4) 地図中の㋐は，複数の国を流れ，どの国の船でも自由
　 に航行できる河川である。このような河川を何というか。
　　　　　　　　　　　　　　　　〔　　　　　　〕

(5) フィヨルドがみられる地域を，地図中のA～Dから1
　 つ選び，記号で答えなさい。　　　　　〔　　　　〕

ハイレベル(6) 地図中の㋑の国で多くの人に信仰されているキリスト教の宗派を，次のア～ウから
　 1つ選び，記号で答えなさい。
　 ア　プロテスタント　　イ　正教会　　ウ　カトリック　　　　　　〔　　　　〕

2 【ヨーロッパの農業】【ヨーロッパの工業】
　ヨーロッパの農業地域を示した右の地図を見て，次の問いに答えなさい。

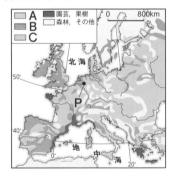

✓よくでる(1) 次の①～③の文の農業が行われている地域を，地図中
　 のA～Cから1つずつ選び，記号で答えなさい。
　 ① 乳牛を飼育し，牛乳やバター，チーズなどの製品を
　　 生産する農業。　　　　　　　　〔　　　　〕
　 ② 小麦などの穀物栽培や，大麦などの飼料作物の栽培
　　 と，豚を中心とする家畜の飼育を組み合わせた農業。
　　　　　　　　　　　　　　　　〔　　　　〕
　 ③ 夏は雨が少なく乾燥するためオリーブやオレンジなどを栽培し，やや雨が多くな
　　 る冬は小麦を栽培する農業。　　　　　　　　　　　　〔　　　　〕

(2) 地図中のPの地域は，古くから発達したドイツの工業地域である。工業地域名を書
　 きなさい。　　　　　　　　　　　　　　　　　　〔　　　　〕

(3) ヨーロッパの国々では，ドイツやフランスなどが分担して航空機の部品を製造し，
　 組み立てる体制がとられている。この国家間が共同で行う方法を何というか。
　　　　　　　　　　　　　　　　　　　　　　　　〔　　　　〕

3 【EUの成り立ちと影響】【環境問題への取り組み】
右の地図やグラフを見て，次の問いに答えなさい。

✓よくでる (1) EU（イーユー）の本部が置かれている都市を，地図中のア〜エから1つ選び，記号で答えなさい。〔　　〕

ミス注意 (2) EUの前身，EC（ヨーロッパ共同体）（イーシー）の原加盟国6か国を，地図中のA〜Iからすべて選び，記号で答えなさい。
〔　　〕〔　　〕〔　　〕〔　　〕〔　　〕

(3) 右のグラフは，EUとアメリカ合衆国（がっしゅうこく），日本の人口・面積・GDPを比較（ひかく）したものである。このうちEUにあたるものを，グラフ中の@〜©から1つ選び，記号で答えなさい。〔　　〕

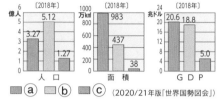

(4) 右のグラフを参考にして，EUが結成された理由の1つを，「アメリカ合衆国」という語句を使い，簡潔に書きなさい。
〔　　　　　　　　　　　　　　　　　　　　　〕

(5) ユーロとは，どのような通貨か。簡潔に書きなさい。
〔　　　　　　　　　　　　　　　　　　　　　〕

(6) ヨーロッパで利用が進められている，太陽光，風力，バイオマスなどの繰り返し利用できるエネルギーを何というか。〔　　　　　　　〕

入試レベル問題に挑戦 ･････････････････････････

4 【EUの成り立ちと影響】
ヨーロッパの多くの国々は，EUに加盟し，加盟国間では人やものの移動が国境を越（こ）えて自由である。資料1に示したヨーロッパに居住する外国人の出身国について，資料2・資料3から読み取れることを書きなさい。

資料1　ヨーロッパに居住する外国人の出身国

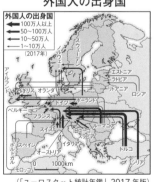

（「ユーロスタット統計年鑑」2017年版）

資料2　EU各国の加盟年代

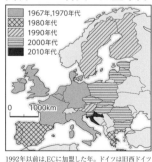

1992年以前は，ECに加盟した年。ドイツは旧西ドイツの加盟年。イギリスは2020年に離脱
（外務省より）

資料3　EU各国の一人あたり国民総所得

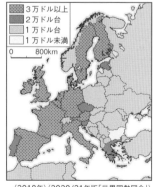

（2018年）（2020/21年版「世界国勢図会」）

〔　　　　　　　　　　　　　　　　　　　　　〕

ヒント

資料2のEU各国の加盟年代と，資料3の一人あたり国民総所得の関係を考えてみる。

ニューコース参考書
中学地理
p.116〜121

6 アフリカ州

攻略のコツ アフリカ州の自然環境と産業の特色，さまざまな課題についてつかもう。

テストに出る！**重要ポイント**

● **アフリカ州の自然環境と文化**

❶ 地形…世界最大の**サハラ砂漠**，世界最長の**ナイル川**。

❷ 気候…赤道から南北に高緯度になるにつれて，熱帯，乾燥帯，温帯へと変化。

❸ 歩み…ほとんどの国がヨーロッパ諸国の**植民地**から独立。

❹ 言語…植民地支配していた国の言語が公用語。

● **アフリカ州の産業とモノカルチャー経済**

❶ 農業…植民地時代からの**プランテーション**での農業。ギニア湾岸は**カカオ**，ケニアでコーヒー，茶の栽培。焼畑農業や牧畜，遊牧も行われている。

❷ 鉱産資源…銅や金，ダイヤモンドなど鉱産資源が豊富。レアメタルや石油が注目される。

❸ **モノカルチャー経済**…特定の農作物や鉱産資源の輸出に頼った経済。天候や価格の変動に左右され不安定。

● **アフリカ州の課題と取り組み**

❶ 課題…都市化により，人口が都市部に集中し，**スラム**が形成。人口増加による食料不足。熱帯雨林（熱帯林）の減少，サヘルの砂漠化などの環境問題。

❷ 取り組み…**アフリカ連合（AU）**を結成し，発展に向けた努力。先進国や非政府組織（NGO）などが資金・技術援助。

Step 1 基礎力チェック問題

解答▶ 別冊p.9

1 次の〔　〕に当てはまるものを選ぶか，当てはまる言葉を書きなさい。

☑(1) アフリカの気候帯は，赤道周辺に〔 乾燥帯　熱帯 〕が分布している。

☑(2) 北部に，世界最大の〔　　　　　　〕砂漠が広がっている。

☑(3) 〔　　　　　　〕での農業がさかんで，カカオなどが栽培されている。

☑(4) 東部のケニアでは，コーヒーや〔　　　　　　〕の栽培がさかんである。

☑(5) マンガンやコバルトなどの〔　　　　　　〕が豊富である。

☑(6) 特定の農作物や鉱産資源に頼る〔　　　　　　〕経済の国が多い。

☑(7) 自立を目指し，〔　　　　　〕（AU）が結成されている。

 得点アップアドバイス

1

確認 **アフリカの気候**

(1) 赤道から高緯度になるにつれて，気候帯が変化する。

2 【アフリカ州の自然環境と文化】
右の地図を見て，次の問いに答えなさい。

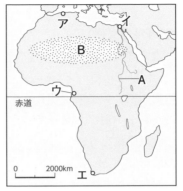

☑(1) 地図中の**A**の河川名，**B**の砂漠名を書きなさい。　A〔　　　　　　　〕
　　　　　　　　　　　　　　　　　　　　B〔　　　　　　　〕

☑(2) 右の雨温図は，地図中の**ア**〜**エ**のいずれかの都市のものである。当てはまるものを1つ選び，記号で答えなさい。
〔　　　　〕

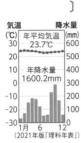

(2021年版「理科年表」)

☑(3) アフリカ大陸のほとんどの国々は，19世紀後半から20世紀前半にかけてヨーロッパの（　　）として分割された。（　　）にあてはまる語句を書きなさい。　〔　　　　　　　　　　〕

3 【アフリカ州の産業とモノカルチャー経済】
右の地図やグラフを見て，次の問いに答えなさい。

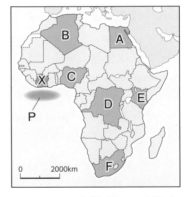

☑(1) **Ⅰ**のグラフは，地図中の**P**の湾岸地域で栽培がさかんな農産物の生産国の割合である。次の問いに答えなさい。
　① この農産物名を書きなさい。
〔　　　　　　　　〕
　② **P**の湾を何というか。
〔　　　　　　　　〕
　③ 地図・グラフ中の**X**の国名を書きなさい。〔　　　　　　　　〕

☑(2) **Ⅱ**，**Ⅲ**のグラフは，地図中の**A**〜**F**の国のいずれかの輸出品目別割合を示したものである。当てはまる国を**A**〜**F**から1つずつ選び，記号で答えなさい。
Ⅱ〔　　　〕Ⅲ〔　　　〕

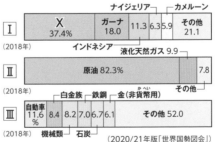

4 【アフリカ州の課題と取り組み】
右の写真は，都市化による人口の集中から増加している，職に就けない貧困層が，劣悪な環境で住む地域である。このような地域を何というか。
〔　　　　　　　〕

(Cynet Photo)

1 【アフリカ州の自然環境と文化】
右の地図を見て，次の問いに答えなさい。

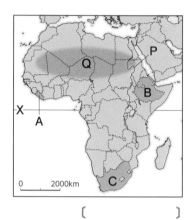

ミス注意 (1) 地図中のPの河川についての説明として正しいもの
を，次のア～エから1つ選び，記号で答えなさい。
ア　世界最大の流域面積をもつ。
イ　世界最長の河川である。
ウ　世界最大の湖から流れ出る。
エ　世界最高峰の山を水源とする。　　〔　　　〕

(2) 地図中のQの砂漠の周辺に広がる，雨季に丈の短い
草が生える草原地帯を何というか。

〔　　　　　　　〕

(3) 地図中のXの緯線の周辺地域では，高温多雨の気候がみられる。この地域の気候帯
を何というか。　　　　　　　　　　　　　　　　　　　　　　　〔　　　　　　　〕

ハイレベル (4) エチオピア，リベリアは，ヨーロッパ諸国の植民地とならなかった国である。それ
ぞれの位置を地図中のA～Cから1つずつ選び，記号で答えなさい。

エチオピア〔　　　〕　　リベリア〔　　　〕

(5) アフリカでは，第二次世界大戦後に多くの国が独立した。とくに17か国が独立した
ことから「アフリカの年」といわれる年を，次のア～エから1つ選び，記号で答えな
さい。　　　　　　　　　　　　　　　　　　　　　　　　　　　〔　　　〕
ア　1950年　　イ　1960年　　ウ　1970年　　エ　1980年

2 【アフリカ州の産業とモノカルチャー経済】
右の地図を見て，次の問いに答えなさい。

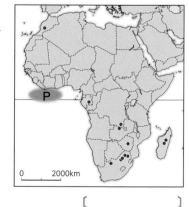

✓よくでる (1) 地図中のPの湾岸地域は，世界的なカカオの産地で
ある。これについて，次の問いに答えなさい。
① カカオは，何の原料となるか。次のア～エから1
つ選び，記号で答えなさい。
ア　コーヒー　　イ　チョコレート
ウ　クリーム　　エ　こしょう　　〔　　　〕
② カカオは，植民地時代にヨーロッパ諸国によって
開かれた大規模な農園で栽培されている。この農園
を何というか。

〔　　　　　　　〕

(2) 地図中の・は，コバルト，クロム，マンガンなどの産出地を示している。これらは
埋蔵量が少なかったり，精錬が難しかったりすることから何といわれるか。

〔　　　　　　　〕

3【アフリカ州の産業とモノカルチャー経済】【アフリカ州の課題と取り組み】
右のグラフや地図を見て，次の問いに答えなさい。

√よくでる(1) 右のグラフの国々は，輸出品の多くを，特定の農作物や鉱産資源が占めている。このような国の経済のあり方を何というか。

〔　　　　　　　　　　〕

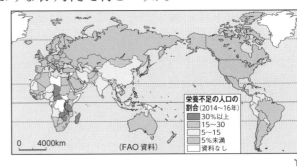

(2018年)　　（2020/21年版「世界国勢図会」）

思考(2) グラフのような貿易に経済を頼っている国は，経済が不安定になりやすい。その理由を簡潔に書きなさい。

〔　　　　　　　　　　　　　　　　　　　　　　　　　　　〕

(3) アフリカなどの発展途上国に進出している先進国の企業の中には，現地の商品を不当に安い価格で買い取り，自国で格安な価格で販売することがある。こうした取り引きは発展途上国の人々の自立の妨げになるため，商品を適正で公正な価格で取り引きする動きが進められている。このような取り引きを何というか。

〔　　　　　　　　　　〕

思考(4) 右の地図は総人口に占める栄養不足の人の割合を示している。アフリカに栄養不足の人口の割合が高い国が多い理由を，「人口」「干ばつ」の語句を使い，簡潔に書きなさい。

〔　　　　　　　　　　　　　　　　　　　　　　　　　　　〕

(5) 現在，アフリカ諸国がかかえている問題を共有し，解決の方法を共同で考えるため，2002年に結成されたAUの正式名称を書きなさい。　　〔　　　　　　　　　　〕

入試レベル問題に挑戦

4【アフリカ州の自然環境と文化】
右の地図からわかるように，アフリカ大陸の多くの国では，ヨーロッパの言語が公用語として使われている。このことの主な理由として考えられる歴史的な背景は何か，書きなさい。なお，公用語とは，その国が公の会議や文書に使用することを定めた言語のことである。

アフリカ大陸における主な使用言語

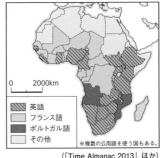

（「Time Almanac 2013」ほか）

〔　　　　　　　　　　　　　　　　　　　　　　　　　　　〕

ヒント
ヨーロッパ諸国の言語が使われているのは，かつて支配下にあったことを示している。

時間	50分
解答	別冊p.9

得点 ／100

出題範囲：アジア州，ヨーロッパ州，アフリカ州

1 右の地図や雨温図を見て，次の問いに答えなさい。 　【2点×16，(5)はそれぞれ完答】

(1) 地図中のA〜Cの山脈名を書きなさい。

(2) 地図中のD〜Fの河川名を書きなさい。

(3) 地図中のGの高原名，Hの砂漠名を書きなさい。

(4) 右のⅠ〜Ⅲの雨温図は，地図中のア〜カのいずれかの都市のものである。当てはまる都市を地図中のア〜カから1つずつ選び，記号で答えなさい。

(5) 次の①〜⑤の文に当てはまる国を，地図中の@〜①から1つずつ選び，記号で答えなさい。また，それらの国々が属する州の名称を書きなさい。（同じ州の名を2度以上使ってもよい）

① 人口が多く，国民の多くはヒンドゥー教を信仰している。

② 日本とほぼ同じ緯度に位置するこの国の首都には，世界最小の国が位置している。

③ かつて人種隔離政策を行っていたこの国は，金やダイヤモンド，レアメタルの産出国としても知られる。

④ 原油の埋蔵量が世界有数で，日本が最も原油を輸入している国である。

⑤ 儒教の影響で年上の人を敬う。食事のときは箸を使い，文字は15世紀につくられたハングルを使用している。

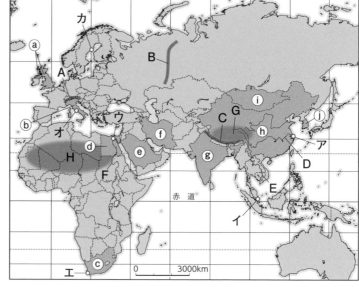

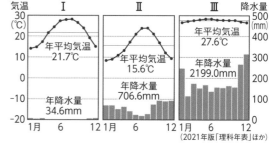

（2021年版「理科年表」ほか）

(1) A		B		C		(2) D	
E		F		(3) G		H	
(4) Ⅰ		Ⅱ		Ⅲ		(5) ①	・　　　　州	②	・　　　　州
③	・　　　州	④	・　　　州	⑤	・　　　州		

2 右の地図やグラフを見て，次の問いに答えなさい。

[2点×11]

(1) 地図中の**A・B**の国の首都名を書きなさい。

(2) 地図中の**A**国はアジアの中で，工業化を進め，急速に成長した国や地域の1つである。アジアのこうした国や地域をまとめて何というか。

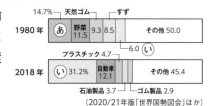

(3) 地図中の**B**国について，次の問いに答えなさい。

① **B**国は人口がとくに多い国であるが，都市部を中心に人口増加を抑制_{よくせい}するため，夫婦1組に子ども1人までとする政策が2015年までとられていた。この政策を何というか。

② 地図中の@の河川流域の農業について正しく述べているものを，次の**ア〜エ**から1つ選び，記号で答えなさい。

ア 冷涼_{れいりょう}な気候をいかして，小麦やとうもろこしなどが栽培_{さいばい}されている。

イ 乾燥_{かんそう}地帯が広がり，羊ややぎの放牧などが行われている。

ウ 世界的な稲作地帯で，茶や綿花なども栽培されている。

エ 米の二期作がさかんである。

③ 地図中に▲で示した都市・地区は，外国の企業_{きぎょう}が進出しやすいように整備した地域である。このような地域を何というか。

(4) 地図中の**C**国について，次の問いに答えなさい。

① この国が加盟する，東南アジアの政治，経済分野での協力と相互援助_{そうごえんじょ}を目的とする組織を何というか。略称_{りゃくしょう}をアルファベットで書きなさい。

② 右のグラフは**C**の国の1980年と2018年の輸出品目別割合を示している。グラフ中の**あ・い**に当てはまるものを，次の**ア〜エ**から1つずつ選び，記号で答えなさい。

ア 機械類　　**イ** 石油

ウ 米　　　　**エ** 衣類

(5) 地図中の**D**国で，近年，急成長している産業（工業）は何か。次の**ア〜ウ**から1つ選び，記号で答えなさい。

ア 石油化学工業　　**イ** 綿工業　　**ウ** 情報通信技術（ICT）関連産業

(6) 地図中の**E**国の◎は，ある宗教の聖地メッカである。ある宗教とは何か。

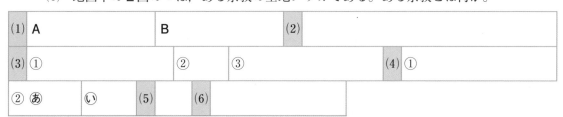

3 右の地図やグラフ，図を見て，次の問いに答えなさい。 【(4)④は4点，ほかは2点×10，(4)⑤は完答】

(1) 地図中の**P**の地域にみられる，氷河の侵食_{しんしょく}によってできた海岸地形を何というか。次の**ア～エ**から1つ選び，記号で答えなさい。

ア タイガ 　　　 イ フィヨルド

ウ リアス海岸 　　エ サヘル

(2) 地図中の**Q**の矢印は，ヨーロッパ西部の気候_{えいきょう}に影響_{あた}を与えている，1年を通して同じ方向から吹_ふく風である。この風を何というか。

(3) 地図中の**A～C**の国でとくにさかんな農業について述べている文を，次の**ア～エ**から1つずつ選び，記号で答えなさい。

ア 夏は乾燥_{かんそう}する気候をいかしてオリーブやぶどうなどを栽培_{さいばい}し，やや雨の多い冬は小麦などの穀物を栽培している。

イ ヨーロッパの穀倉地帯といわれ，米の二期作が行われている。

ウ 乳牛_{にゅうぎゅう}を飼育し，バター・チーズなどの乳製品_{にゅうせいひん}がつくられている。

エ 小麦などの食用作物と，家畜_{かちく}のえさとなる大麦などの飼料作物の栽培，家畜の飼育を組み合わせた農業が行われている。

(4) 地図中の**X**の都市には，EUの本部が置かれている。次の問いに答えなさい。

① **X**の都市名を書きなさい。

② EUの正式名称_{めいしょう}を書きなさい。

③ EUで導入されている共通通貨を何というか。

④ EU結成の目的を，**グラフ**を参考_{かんこう}にして，簡潔_{かんけつ}に書きなさい。

⑤ 地図中に@～@で示した国から，2020年にEUから離脱_{りだつ}した国を1つ選び，記号と国名を答えなさい。

(5) 右の図は，ヨーロッパの国々が共同で企業_{きぎょう}をつくり，各国で別々の部品をつくり，航空機を製造するしくみである。このような各国が分担して製造することを何というか。

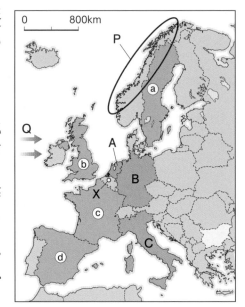

グラフ EUとアメリカ合衆国_{がっしゅうこく}と日本の比較_{ひかく}

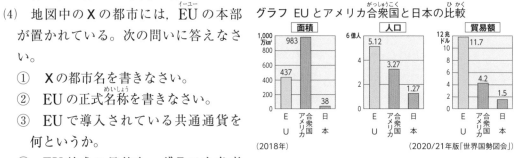

（2018年） （2020/21年版「世界国勢図会」）

(1)		(2)		(3) A		B		C	

(4) ①			②			③	

④	

⑤ 記号	国名		(5)	

4 右の地図を見て，次の問いに答えなさい。　　　　　【2点×4】

(1) ヨーロッパの多くの人々に信仰されている宗教は何か。

(2) 地図中の**A**，**B**の国の主な言語の系統は何か。次の**ア**〜**ウ**から1つずつ選び，記号で答えなさい。

　ア スラブ系　　**イ** ラテン系　　**ウ** ゲルマン系

(3) ヨーロッパで，持続可能な社会の実現のために進められているものを，次の**ア**〜**ウ**から1つ選び，記号で答えなさい。

　ア 原子力発電を減らして，火力発電を増やしている。

　イ パークアンドライドなどを取り入れている。

　ウ 酸性雨を防ぐために温室効果ガスを増やしている。

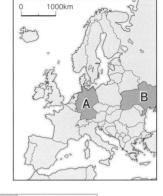

(1)		(2) A	B	(3)

5 右の地図やグラフを見て，次の問いに答えなさい。
【2点×7，(3)は完答】

(1) 地図中の**P**の砂漠の南側は，砂漠化の進行が深刻である。この地域を何というか。

(2) 地図中の**Q**の地域について，次の問いに答えなさい。

　① この地域が面する湾を何というか。

　② この地域で栽培がさかんなカカオについて，次の文中の（　）に共通して当てはまる語句を答えなさい。

　　「カカオは，主に（　）用として栽培され，日本へも多く（　）されている。」

　③ カカオは植民地時代に開かれた大規模な農園を中心に栽培されている。この農園を何というか。

(3) 次の文に当てはまる国を，地図中の**A**〜**E**から1つ選び，記号と国名を答えなさい。

　　「アパルトヘイトと呼ばれる政策が行われていたが，この制度は廃止され，1994年には黒人大統領が生まれた。しかし，現在も白人と黒人の経済格差などの問題が残っている。」

(4) 輸出品目別割合を示した**グラフⅠ・Ⅱ**に当てはまる国を，地図中の**A**〜**E**から1つずつ選び，記号で答えなさい。

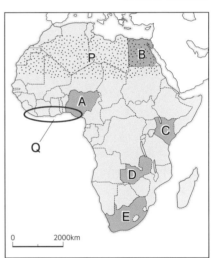

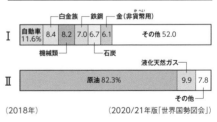

(2018年)　　　　（2020/21年版「世界国勢図会」）

(1)		(2)①		②
③		(3)記号　　国名	(4)Ⅰ	Ⅱ

43

7 北アメリカ州

リンク
ニューコース参考書
中学地理
p.124〜131

攻略のコツ　北アメリカ州の自然とアメリカ合衆国の産業・文化についてつかもう。

テストに出る！ 重要ポイント

● 北アメリカ州の
自然環境と文化

❶ 地形…西部に**ロッキー山脈**，中部にミシシッピ川。五大湖（ごだいこ）。

❷ 気候…熱帯，乾燥帯から寒帯までさまざまな気候帯。

❸ 歩み…ヨーロッパからの移民が先住民の土地をうばった。近年は，アメリカ合衆国で**ヒスパニック**の割合が増加。

❹ 文化…キリスト教徒が多い。ジャズやミュージカルなど。

● アメリカ合衆国の
農業（がっしゅうこく）

❶ **企業的な農業**…労働者を雇い，大規模な農場を経営。
⇨アグリビジネスが発達し，**穀物メジャー**が活動。

❷ **適地適作**…プレーリーなど中部で小麦，南部で綿花。

● アメリカ合衆国の
工業

❶ 発展…アメリカ合衆国の五大湖周辺で石炭と鉄鉱石をいかした**鉄鋼業**。流れ作業の大量生産方式で**自動車工業**が発達。

❷ 変化…工業の中心は五大湖周辺から**サンベルトへ。シリコンバレー**には情報通信技術（ICT）関連企業が集中。

❸ 結びつき…アメリカ合衆国とカナダ，メキシコで貿易協定。アメリカ合衆国の企業が人件費の安いメキシコなどに進出。

● アメリカ合衆国の
生活と課題

❶ 生活様式…車社会，大量生産・大量消費が文化の根底。

❷ 課題…自動車の使用による大気汚染（おせん）や地球温暖化（おんだん）が発生。大量生産・大量消費によりごみ処理場（しょり）が不足。

Step 1　基礎力チェック問題

解答　別冊p.10

1 次の〔　　〕に当てはまるものを選ぶか，当てはまる言葉を書きなさい。

☑(1) 北アメリカ大陸の西部には〔　ロッキー　　アパラチア　〕山脈が連なる。

☑(2) アメリカ合衆国（がっしゅうこく）では，メキシコやカリブ海諸国からの移民である〔　　　　　　　〕と呼ばれる人が増加している。

☑(3) アメリカでは，〔　集約的（しゅうやく）　　企業的　〕な農業が行われている。

☑(4) アメリカの農業は気候や土壌（どじょう）に合った〔　　　　　　　〕である。

☑(5) アメリカの工業は，自動車工業・鉄鋼業から，北緯37度以南の〔　　　　　　　〕を中心とした先端技術産業（せんたんぎじゅつ）へと変わった。

得点アップアドバイス

1

確認　アメリカの農業

(3) 大型機械を使用して，少ない人手で生産している。

2 【北アメリカ州の自然環境と文化】【アメリカ合衆国の生活と課題】
　　右の地図を見て，次の問いに答えなさい。

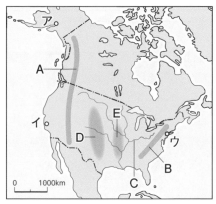

☑(1)　地図中の**A・B**の山脈名，**C**の河川名を書きなさい。

　　　　A〔　　　　　　　〕
　　　　B〔　　　　　　　〕
　　　　C〔　　　　　　　〕

☑(2)　**A**の山脈と**C**の河川の間に広がる**D**の平原名，**E**の草原名を，次の**ア～エ**から1つずつ選び，記号で答えなさい。

　　　　　　　　D〔　　　〕
　　　　　　　　E〔　　　〕

ア　プレーリー
イ　サバナ
ウ　タイガ
エ　グレートプレーンズ

（2021年版「理科年表」）

☑(3)　右の**Ⅰ～Ⅲ**の雨温図は，地図中の**ア～ウ**のいずれかの都市のものである。当てはまる都市を**ア～ウ**から1つずつ選びなさい。

　　　　　　　　Ⅰ〔　　　〕　**Ⅱ**〔　　　　〕　**Ⅲ**〔　　　　〕

☑(4)　アメリカ合衆国の生活様式として，新しい製品を大量につくり，消費する考え方が根底にある。この考え方を何というか。

　　　　　　　　　　　　　　　　　　　　　　〔　　　　　　　　　　　〕

3 【アメリカ合衆国の農業】【アメリカ合衆国の工業】
　　右の地図を見て，次の問いに答えなさい。

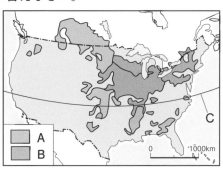

☑(1)　地図中の**A・B**の地域で生産されている農作物を，次の**ア～エ**から1つずつ選び，記号で答えなさい。

　　　　A〔　　　〕　**B**〔　　　〕
ア　綿花　**イ**　とうもろこし
ウ　小麦　**エ**　大豆

☑(2)　アメリカ合衆国の農業の特色の1つである，地域の気候や土壌などに合った農作物を栽培することを何というか。　〔　　　　　　　〕

☑(3)　地図中の**C**の緯線より南の地域では，近年，先端技術（ハイテク）産業を中心に工業が発達している。この地域を何というか。

　　　　　　　　　　　　　　　　　　　　　　〔　　　　　　　　　　　〕

得点アップアドバイス

2
確認　**北アメリカの山脈**

(1)　高くて険しいロッキー山脈と，低くてなだらかなアパラチア山脈。

確認　**北アメリカの気候**

(3)　中央アメリカやカリブ海周辺に熱帯，最北端に寒帯，西部には乾燥帯が多く，東部は比較的降水がある。

アメリカ合衆国は大量に消費することが，経済発達の原動力になっているよ。

3
確認　**アメリカ合衆国の農業分布**

(1)　アメリカ合衆国では五大湖周辺で酪農，中部でとうもろこしや大豆，プレーリーの北部と中部で小麦，南部で綿花の栽培がさかん。

1 【北アメリカ州の自然環境と文化】【アメリカ合衆国の生活と課題】
右のグラフを見て，次の問いに答えなさい。

総人口 3 億 2907 万人

アジア系 6.0

ヨーロッパ系 76.3%	13.4		その他

Y
X 1.3

※総人口のうち，18.5%がヒスパニック。
(2019年)
(2021年版「データブック オブ・ザ・ワールド」)

(1) 右のグラフは，アメリカ合衆国の人種・民族構成を
示したものである。Xに当てはまる，もともと北アメ
リカ大陸に住んでいた先住民を何というか。

〔　　　　　　　〕

√よくでる (2) ヒスパニックは，日常の会話で英語以外の言語を話す人たちである。主に何という
言語を話すか，答えなさい。　　　　　　　　　　　　　　　　〔　　　　　　　〕

(3) グラフ中のYには，かつてある大陸から奴隷として連れてこられ，アメリカ合衆国
南部の綿花農場などで労働力として働かされた人々の子孫が当てはまる。ある大陸と
はどこか。　　　　　　　　　　　　　　　　　　　　　　　　〔　　　　　　　〕

(4) アメリカ合衆国から生まれ，世界各地に広まったものとして当てはまらないものを，
次のア～エから1つ選び，記号で答えなさい。
ア　ジーンズ　　イ　サッカー　　ウ　ジャズ　　エ　ハンバーガー　　〔　　　〕

2 【アメリカ合衆国の農業】
右の地図やグラフを見て，次の問いに答えなさい。

(1) アメリカ合衆国の農業の特色を示すことがら
を，次のア～エから2つ選び，記号で答えなさい。
ア　プランテーション　　イ　適地適作
ウ　企業的な農業　　　　エ　遊牧
〔　　　〕〔　　　〕

(2) 次の①～③の農業地帯を，地図中のA～Dから
1つずつ選び，記号で答えなさい。
① とうもろこし・大豆地帯　〔　　　〕
② 小麦地帯　　　　　　　　〔　　　〕
③ 綿花地帯　　　　　　　　〔　　　〕

0　　　　1000km

オーストラリア　　ウクライナ

①	ロシア 16.8%	13.9	カナダ 11.2	11.2	8.8	その他 38.1

アメリカ合衆国　　アルゼンチン　　ウクライナ

②	アメリカ合衆国 32.9%	ブラジル 18.1	14.7	12.0	その他 22.3

③	ブラジル 44.9%	アメリカ合衆国 36.5	その他 13.7

アルゼンチン 4.9

(2017年)　　(2020/21年版「世界国勢図会」)

ミス注意 (3) 右の①～③のグラフは，主な農作物の国別輸
出割合を示したものである。当てはまる農作物
を，次のア～オから1つずつ選び，記号で答えなさい。
ア　とうもろこし　　イ　綿花　　ウ　米　　エ　大豆　　オ　小麦
①〔　　　〕②〔　　　〕③〔　　　〕

ハイレベル (4) アメリカ合衆国にある，アグリビジネスを行う企業の中で，「穀物メジャー」と呼ば
れるのはどのような企業か。「流通」の語句を使い，簡潔に書きなさい。

〔　　　　　　　　　　　　　　　　　　　　　　　　　　　　　　　　〕

3 【アメリカ合衆国の工業】
右の地図を見て，次の問いに答えなさい。

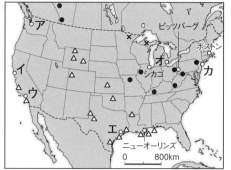

✓よくでる (1)　右の地図中の×，△，●印は，主な鉱産資
源の産出地を示したものである。当てはまる鉱
産資源を，次のア～オから1つずつ選び，記号
で答えなさい。

　　ア　石炭　　　　イ　銅　　　ウ　鉄鉱石
　　エ　ニッケル　　オ　原油（石油）
　　　　×〔　　　〕　△〔　　　〕　●〔　　　〕

(2)　次の①・②の文に当てはまる都市を，地図中のア～カから1つずつ選び，記号と都
市名を答えなさい。

　①　近くにあるシリコンバレーにはICT関連企業が集中している。
　　　　　　　　　　　　　　　　　　　　　　　　　　　　　　〔　　　・　　　〕

　②　航空宇宙産業や石油化学工業がさかんである。　　　　　〔　　　・　　　〕

思考 (3)　かつてアメリカ合衆国では，資源を活用した重化学工業が発展したが，近年では，
衰退している。その理由として，工場設備の老朽化による生産性の低下のほかに何が
あるか。「賃金」の語句を使い，簡潔に書きなさい。
〔　　　　　　　　　　　　　　　　　　　　　　　　　　　　　　　　　　　　　〕

入試レベル問題に挑戦

重要 4 【北アメリカ州の農業】【アメリカ合衆国の生活と課題】
右の表やグラフを見て，次の問いに答えなさい。

(1)　表を参考にして，アメリカ合
衆国の農業の特色を，簡潔に書
きなさい。
〔　　　　　　　　　　　　　　　　〕

アメリカ合衆国と日本の農業の比較

	アメリカ合衆国	日本
1人あたり*の耕地面積	60.5ha	1.7ha
1人あたり*の穀物生産量	185.9t	4.8t

（2016年）＊農林水産業従事者　　　　　（FAOSTAT，ほか）

(2)　アメリカ合衆国では，大量生産・
大量消費という生活習慣に関連して，
環境破壊が問題となっている。グラ
フⅠ・Ⅱから，アメリカ合衆国でど
のような問題があると考えられるか，
簡潔に書きなさい。

[　　　　　　　　　　　　　　　]

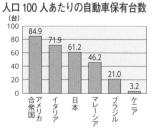

グラフⅠ
人口100人あたりの自動車保有台数
（2017年）（2020/21年版「世界国勢図会」）

グラフⅡ
ガソリンの消費（供給）量
（2015年）
（Energy Statistics Yearbook）

ヒント
(1)　日本とアメリカ合衆国の農業の規模を比較する。
(2)　車社会ではガソリンの消費量が多くなると，二酸化炭素の排出量も多くなる。

リンク
ニューコース参考書
中学地理
p.136～149

攻略のコツ　南アメリカ州とオセアニア州の自然や歩み，産業の様子についてつかもう。

テストに出る！重要ポイント

● 南アメリカ州の
自然と産業，
環境問題

❶ 自然…西部に**アンデス山脈**，赤道付近を**アマゾン川**が流れ，流域に熱帯林が広がる。南部は温帯や乾燥帯が分布。

❷ 歩み…16世紀以降，**スペインとポルトガル**が植民地支配。

❸ 農業…ブラジルは**コーヒー**やさとうきびの栽培，アルゼンチンはパンパで小麦などの栽培と牧畜がさかん。

❹ 鉱工業…石油⇨ベネズエラ・エクアドル，鉄鉱石⇨ブラジル，銅⇨チリ・ペルー。ブラジル・アルゼンチンは海外企業を誘致して工業化。

❺ 開発と環境保全…開発により，アマゾン川流域の熱帯林の減少などをまねく。バイオ燃料の使用で環境保全。

● オセアニア州の
自然と産業，
他地域との結びつき

❶ 自然…オーストラリア大陸と多くの島々からなる。オーストラリアの大部分は乾燥帯。ニュージーランドは温帯。

❷ 歩み…先住民の**アボリジニ**（オーストラリア）や**マオリ**（ニュージーランド）が住む。白豪主義から**多文化社会**へ。

❸ 農業…オーストラリアは羊や肉牛の飼育，小麦の栽培。ニュージーランドで乳牛や肉用の羊の飼育。

❹ 鉱工業…オーストラリアの北東部と南東部で**石炭**，北西部で鉄鉱石を産出→露天掘り。ほかにボーキサイトなど。

❺ 結びつき…オーストラリア・ニュージーランドは**APEC**。
└アジア太平洋経済協力会議┘

Step 1　基礎力チェック問題

解答▶ 別冊p.11

1 次の〔　　〕に当てはまるものを選ぶか，当てはまる言葉を書きなさい。

☑(1) 南アメリカ大陸西部には〔　ロッキー　　アンデス　〕山脈が連なる。

☑(2) ブラジルはかつて〔　　　　　　　〕の植民地だった。

☑(3) ブラジルは，〔　コーヒー豆　　カカオ　〕の生産量が世界一である。

☑(4) アルゼンチンは国土中央の〔　　　　　　　〕で農業がさかんである。

☑(5) オーストラリア大陸の約3分の2は〔　　　　　　　〕に属する。

☑(6) オーストラリアの先住民は〔　マオリ　　アボリジニ　〕である。

☑(7) オーストラリアでは〔　　　　　　　〕や肉牛の放牧がさかんである。

得点アップアドバイス

1

ヒント　**南アメリカ州の
公用語**

(2) 南アメリカ州の公用語はほとんどがスペイン語であるが，ブラジルはポルトガル語である。

2 【南アメリカ州の自然と産業，環境問題】
右の地図を見て，次の問いに答えなさい。

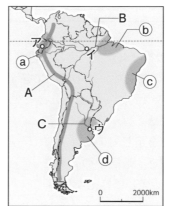

2
流域面積が世界最大の河川がアマゾン川，最長の河川はナイル川だよ。

☑(1)　地図中の**A**の山脈名，**B・C**の河川名を
　　答えなさい。　**A**〔　　　　　　　〕
　　　　　　　　　　　　B〔　　　　　　　〕
　　　　　　　　　　　　C〔　　　　　　　〕

☑(2)　Ⅰ～Ⅲの雨温図は，地図中の**ア～ウ**の
　　いずれかの都市のものである。当てはまる都市を1つずつ選び，記号で答えなさい。

　　　　Ⅰ〔　　　〕　Ⅱ〔　　　〕　Ⅲ〔　　　〕

|確認| **高山気候**
(2)　赤道付近の高山気候は，1年を通して春のような気温が続く。

☑(3)　南アメリカ州の大部分の地域は，16世紀以降にどこの国の植民地となったか。2つ答えなさい。
　　　　〔　　　　　　　　　〕
　　　　〔　　　　　　　　　〕

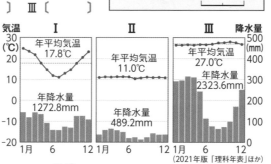

| 気温 | Ⅰ | Ⅱ | Ⅲ | 降水量 |

年平均気温 17.8℃
年降水量 1272.8mm
年平均気温 11.0℃
年降水量 489.2mm
年平均気温 27.0℃
年降水量 2323.6mm

(2021年版「理科年表」ほか)

|確認| **南アメリカ州の鉱産資源**
(5)　ブラジルやベネズエラ，チリなどで鉱産資源が豊富。

☑(4)　パンパと呼ばれる，小麦などの栽培や牧畜がさかんな地域を，地図中の@～@から1つ選びなさい。〔　　　　　〕

☑(5)　南アメリカ州で産出量が多い鉱産資源を，次の**ア～カ**から3つ選び，記号で答えなさい。

ア　銅　　　　　**イ**　天然ガス　　　　**ウ**　石炭　　　　**エ**　鉄鉱石
オ　金　　　　　**カ**　石油　　　　　　〔　　・　　・　　〕

3 【オセアニア州の自然と産業，他地域との結びつき】
右の地図を見て，次の問いに答えなさい。

3
|ヒント| **国旗**
(1)　オーストラリアやニュージーランドの国旗には，ユニオンジャックが描かれている。

☑(1)　かつてオーストラリアやニュージーランドを植民地にしていた国はどこか。
　　　　〔　　　　　　〕

☑(2)　ニュージーランドの先住民を何というか。
　　　　〔　　　　　　〕

☑(3)　現在，オーストラリアは多文化社会への取り組みを進めているが，かつてはアジアからの移民を制限する政策を採っていた。この政策を何というか。〔　　　　　　〕

☑(4)　地図中の**Q**の地域でさかんに産出される鉱産資源は何か。
　　　　〔　　　　　　〕

① 【南アメリカ州の自然と産業，環境問題】
右の地図やグラフを見て，次の問いに答えなさい。

（2018年）
その他 31.1　X 34.5%
計 1030万t
ベトナム 15.7
ホンジュラス 4.7　7.0　7.0　インドネシア
コロンビア
（2020/21年版「世界国勢図会」）

✓よくでる (1) 右のグラフは，コーヒー豆の国別生産量割合を示している。Xに当てはまる国を，地図中のA〜Eから1つ選び，記号で答えなさい。

〔　　　　　〕

(2) (1)の国では，近年，さとうきびを原料とした燃料の生産が増加している。この燃料を何というか。

〔　　　　　〕

(3) 右のIのグラフは地図中のB国，IIのグラフはE国の輸出品目別割合を示したものである。それぞれの斜線部////////に当てはまるものを，次のア〜エから1つずつ選び，記号で答えなさい。

ア 石炭　イ 銅　ウ 鉄鉱石　エ 金

I〔　　　〕II〔　　　　〕

肉類 6.0　鉄鋼 5.3
I　大豆 13.4%　10.5　8.4　7.7　その他 48.7
原油　機械類

野菜・果実
II　銅鉱 24.8%　23.8　9.5　8.3　その他 33.6
魚介類

（2018年）　（2020/21年版「世界国勢図会」）

(4) 南アメリカ州では，白人と先住民の混血の住民が多い。このような人々を何というか。カタカナで答えなさい。

〔　　　　　　　　〕

② 【オセアニア州の自然と産業，他地域との結びつき】
右の地図やグラフを見て，次の問いに答えなさい。

(1) 地図中のA〜Cの地域で栽培・飼育されている農作物・家畜を，次のア〜オから1つずつ選び，記号で答えなさい。

ア 小麦　イ らくだ　ウ 羊
エ 綿花　オ 牛

A〔　　　〕B〔　　　　〕C〔　　　　〕

✓よくでる (2) 地図から，オーストラリアの大部分を占めている気候帯を答えなさい。

〔　　　　　〕

ミス注意 (3) 右のグラフは，地図中の(a)▲，(b)■で産出される鉱産資源の日本の輸入相手国を示したものである。(a)，(b)に当てはまる鉱産資源を答えなさい。

(a)〔　　　　　〕(b)〔　　　　　〕

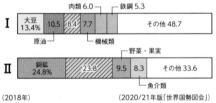

カナダ 6.2
(a)　オーストラリア 57.3%　ブラジル 26.3　7.3
南アフリカ共和国 2.9　その他
インドネシア　ロシア　カナダ 5.5
(b)　オーストラリア 58.7%　15.1　10.8　7.1
アメリカ合衆国　その他 2.8
（2019年）　（2020/21年版「日本国勢図会」）

③ **【南アメリカ州の自然と産業，環境問題】**
右の地図を見て，次の問いに答えなさい。

(1) ブラジルの首都を，地図中の**ア～ウ**から１つ選び，記号と首都名を書きなさい。

〔 　　　・　　　 〕

✓よくでる (2) 地図中の**P**の河川名を書きなさい。

〔 　　　　 〕

(3) **P**の河川の流域では，右の**資料**のようなサイクルの農業が行われてきた。この農業を何というか。

〔 　　　　 〕

(4) 近年，**P**の河川の流域で起こっている地球環境問題は何か。

〔 　　　　 〕

思考 (5) (4)のような問題が起こるようになった背景を，「開発」の語句を使い，簡潔に書きなさい。

〔 　　　　 〕

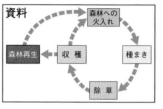

資料

入試レベル問題に挑戦

重要 ④ **【オセアニア州の自然と産業，他地域との結びつき】**
右の資料Ⅰ，Ⅱを見て，次の問いに答えなさい。

資料Ⅰ

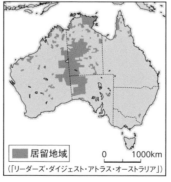

資料Ⅱ　オーストラリアに暮らす移民の出身地の推移

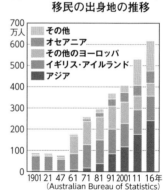

(1) **資料Ⅰ**はオーストラリアに古くから住んでいる人々の居留地域を示したものである。この人々を何というか。　〔 　　　　 〕

(2) **資料Ⅱ**から，1971年ごろまでアジアからの移民が少ないことが読み取れる。なぜ少ないのか，その理由を簡潔に書きなさい。

〔 　　　　 〕

(3) オーストラリアでは，国の政策として多文化社会を築こうとしている。**資料Ⅱ**を参考に，多文化社会とはどのような社会か，簡潔に書きなさい。

〔 　　　　 〕

💡 **ヒント**

(1) オーストラリアの先住民である。

(2) 1970年以前は，ヨーロッパからの移民が多くを占めている。

(3) さまざまな出身地の人々が増えている。

定期テスト予想問題 ③

出題範囲：北アメリカ州，南アメリカ州・オセアニア州

1 右の地図を見て，次の問いに答えなさい。
【2点×18，(6)はそれぞれ完答】

(1) 地図中のA〜Cの山脈名，D〜Fの河川名を，それぞれ答えなさい。

(2) 地図中のG〜Ⅰの平原名・草原名を，次からそれぞれ選んで答えなさい。

┌─────────────────────┐
│ セルバ　　グレートプレーンズ │
│ プレーリー　　パンパ　　　　 │
└─────────────────────┘

(3) 右のⅠ〜Ⅲの雨温図は，地図中のア〜オのいずれかの都市のものである。当てはまる都市を1つずつ選びなさい。

(4) 地図中に示された地域で，最も信仰する人が多い宗教を書きなさい。

(5) 地図中のⓐ，ⓑ，ⓔ，ⓕやアジアの国や地域が参加している，経済協力をすすめるために1989年に結成したものを，アルファベットの略称で答えなさい。

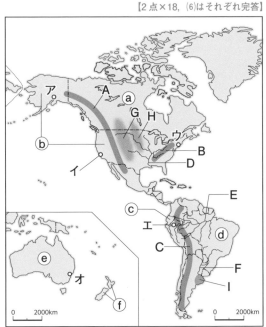

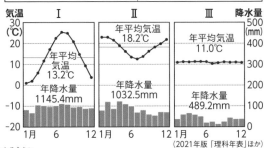

(2021年版「理科年表」ほか)

(6) 次の文に当てはまる国を，地図中のⓐ〜ⓕからそれぞれ選び，記号で答えなさい。また，それらの国が属する州の名を答えなさい。（同じ州の名を2度以上使ってもよい）

① 大陸名と国名が同じ国で，大部分が乾燥帯に属する。

② 国名がスペイン語で「赤道」という意味の国である。

③ 世界有数の工業国・農業国で，さまざまな人種・民族が集まっている国である。

④ 日本から見てほぼ地球の反対側に位置する国で，日本からの移民も多い国である。

(1) A		B		C		D	
E		F		(2) G		H	
Ⅰ		(3) Ⅰ		Ⅱ		Ⅲ	
(4)		(5)		(6) ①		・	州
②	・		州	③	・	州 ④ ・	州

2 右の地図やグラフを見て，次の問いに答えなさい。

【1点×13，(2)②④は完答】

(1) 地図中の **A** 国について，次の問いに答えなさい。

① **A** 国の首都名を答えなさい。

② **A** 国の公用語は英語と何語か。次のア〜ウから1つ選び，記号で答えなさい。
ア　イタリア語
イ　スペイン語
ウ　フランス語

(2) 地図中の **B** 国について，次の問いに答えなさい。

① **B** 国の首都名を答えなさい。

② **B** 国の農業の特色を示す語句を，次のア〜エから2つ選び，記号で答えなさい。
ア　企業的な農業　　　イ　焼畑農業
ウ　プランテーション　エ　適地適作

③ 右のグラフⅠ〜Ⅲは，ある農作物の国別生産量割合を示している。それぞれの農作物の，**B** 国での主な生産地域を，地図中のア〜エから1つずつ選びなさい。

④ 郊外にシリコンバレーと呼ばれる先端技術産業が発達した地域がある都市を，地図中の(a)〜(d)から1つ選び，都市名も答えなさい。

(3) 地図中の **C** 国について，次の問いに答えなさい。

① **C** 国の首都名を答えなさい。

② この国をはじめ，スペイン語を母国語とする国から **B** 国へ移住する人が増えている。この人たちは何と呼ばれているか。

(4) 右のグラフⅣ〜Ⅵは，地図中の **A**〜**C** のいずれかの国の輸出品目別割合を示している。それぞれに当てはまる国を **A**〜**C** から1つずつ選び，記号で答えなさい。

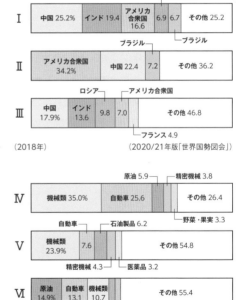

Ⅰ
| 中国 25.2% | インド 19.4 | アメリカ合衆国 16.6 | 6.9 | 6.7 | その他 25.2 |
パキスタン　ブラジル

Ⅱ
ブラジル
| アメリカ合衆国 34.2% | 中国 22.4 | 7.2 | その他 36.2 |

Ⅲ
ロシア　アメリカ合衆国
| 中国 17.9% | インド 13.6 | 9.8 | 7.0 | その他 46.8 |
フランス 4.9

(2018年)　　　(2020/21年版「世界国勢図会」)

Ⅳ
原油 5.9　精密機械 3.8
| 機械類 35.0% | 自動車 25.6 | その他 26.4 |
野菜・果実 3.3

Ⅴ
自動車　石油製品 6.2
| 機械類 23.9% | 7.6 | その他 54.8 |
精密機械 4.3　医薬品 3.2

Ⅵ
| 原油 14.9% | 自動車 13.1 | 機械類 10.7 | その他 55.4 |
石油製品 3.1　金(非貨幣用)2.8

(2018年)　　　(2020/21年版「世界国勢図会」)

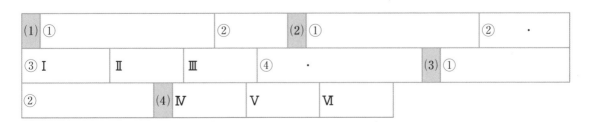

(1)①		②	(2)①		② ・
③Ⅰ	Ⅱ	Ⅲ	④ ・	(3)①	
②	(4)Ⅳ	Ⅴ	Ⅵ		

3 右の地図やグラフを見て，次の問いに答えなさい。

【2点×14】

(1) 地図中の**X**，**Y**に当てはまる言語を，次の**ア**〜**エ**から1つずつ選びなさい。

　　ア ドイツ語　　**イ** ポルトガル語
　　ウ ギリシャ語　　**エ** スペイン語

(2) 地図中の人種・民族構成を表す円グラフの**ⓐ**〜**ⓓ**に当てはまる人種・民族の組み合わせとして正しいものを，次の**ア**〜**ウ**から1つ選び，記号で答えなさい。

　　ア　ⓐ先住民　　　ⓑヨーロッパ系
　　　　　ⓒアフリカ系　ⓓ混血
　　イ　ⓐ混血　　　　ⓑアフリカ系
　　　　　ⓒヨーロッパ系 ⓓ先住民
　　ウ　ⓐヨーロッパ系 ⓑ混血
　　　　　ⓒ先住民　　　ⓓアフリカ系

(3) 地図中の**A**国について，次の問いに答えなさい。

　　① **A**国の首都名を答えなさい。

　　② 毎年2月にリオのカーニバルが開かれる都市を，地図中の**ア**〜**エ**から1つ選びなさい。

　　③ グラフⅠは，**A**国で生産量世界一を誇る農作物の国別輸出量割合を示している。この農作物名を答えなさい。

　　④ **A**国の北部を流れる地図中の**P**の川の流域で，近年問題となっている地球環境問題は何か。

　　⑤ **A**国は二酸化炭素の排出量をおさえる取り組みとして植物を原料とした燃料の使用を進めている。この燃料を何というか，答えなさい。

(4) グラフⅡの**A**〜**E**は，地図中の**A**〜**E**の国の輸出品目別割合を示している。それぞれの斜線部に当てはまる品目を，次の**ア**〜**カ**から1つずつ選び，記号で答えなさい。

　　ア 銅　　**イ** 鉄鉱石　　**ウ** 原油　　**エ** 肉類　　**オ** バナナ　　**カ** 自動車

(5) 地図中の**F**国の観光資源を，次の**ア**〜**ウ**から1つ選び，記号で答えなさい。

　　ア タージ・マハル　　**イ** アンコール・ワット　　**ウ** マチュピチュ

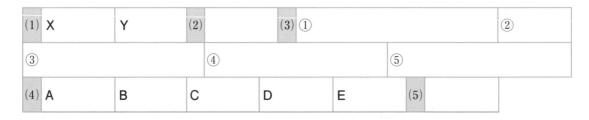

(1)	X		Y		(2)		(3)①			②
③				④			⑤			
(4)	A		B		C		D		E	(5)

4 右の図やグラフを見て，次の問いに答えなさい。

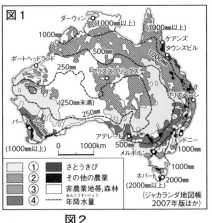

図1

(1) オセアニア州の太平洋に広がる島々は，主に3つの地域に分けられる。ミクロネシア，メラネシアとあと1つは何か，答えなさい。

(2) ①オーストラリアと，②ニュージーランドの先住民を，それぞれ次のア〜エから1つずつ選び，記号で答えなさい。

ア インディオ　　イ マオリ
ウ アボリジニ　　エ イヌイット

(3) 図1中の①〜④に当てはまる農業地域を，次のア〜エから1つずつ選び，記号で答えなさい。

ア 牧牛　　イ 酪農　　ウ 牧羊　　エ 小麦

(4) 図2は，オーストラリアに暮らす移民の出身地の推移を示したものである。オーストラリアで，1970年代以降，アジアからの移民が増加したのは，1973年にオーストラリアがある政策を廃止したことが関係している。廃止した政策とは何か，答えなさい。

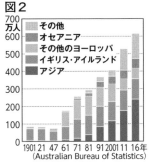

図2

(5) 図3は，オーストラリアの貿易相手国の変化について示したものである。図3中のA〜Dに当てはまる国の組み合わせとして正しいものを，次のア〜エから1つ選び，記号で答えなさい。

ア A日本　　　　B中国
　 Cアメリカ　　 Dイギリス
イ A中国　　　　B日本
　 Cイギリス　　 Dアメリカ
ウ Aイギリス　　Bアメリカ
　 C日本　　　　D中国
エ Aアメリカ　　Bイギリス
　 C中国　　　　D日本

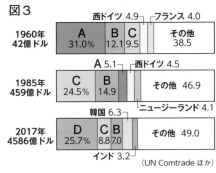

図3

(6) 図4は，オーストラリアの輸出品の変化について示したものである。約60年の間に，オーストラリアの輸出品にはどのような変化がみられたか。「原料」の語句を使い，簡潔に書きなさい。

図4

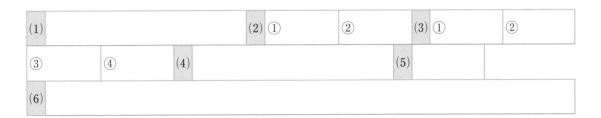

(1)			(2) ①		②		(3) ①		②

③		④		(4)				(5)	

(6)									

1 身近な地域の調査

リンク
ニューコース参考書
中学地理
p.160〜166

攻略のコツ 調査方法や，地形図からの実際の距離の計算方法，地図の使い方を押さえよう。

テストに出る！ **重要ポイント**

● **調査テーマの決定と調査方法**

❶ **調査テーマ**…身近な地域を観察してからテーマを決め**仮説**を立てる。

❷ **野外調査**…**野外観察**のための**ルートマップ**の作成。

● **地図の使い方**

❶ **方位と縮尺**…方位は，地図上でとくにことわりがない場合は，**上が北**を示す。縮尺は，実際の距離を地図上に縮めた割合。実際の距離＝**地図上の長さ×縮尺の分母**。

❷ **等高線**…海面からの高さ（標高）が同じところを結んだ線。間隔が狭いところほど土地の傾斜は急，広いと緩やか。計曲線（太い線），主曲線（細い線），補助曲線がある。2万5千分の1の地形図では主曲線は 10 m ごとに引かれている。

❸ **地図記号**…土地利用や建物・施設などを記号で表したもの。

● **調査のまとめと結果の発表**

❶ **文献調査**…統計資料などデータの収集。

❷ **資料の整理と発表**…分析，考察を行い，レポートや壁新聞などで発表。

Step 1 基礎力チェック問題

解答 別冊p.13

1 次の〔　　〕に当てはまるものを選ぶか，当てはまる言葉を書きなさい。

☑ (1) 調査では，テーマを決め〔　　　　　　　　〕を立てる。

☑ (2) 野外観察では，実際のコースなどを書き込んだ〔　ルートマップ　ハザードマップ　〕を作成する。

☑ (3) 実際の距離を地図上に縮めた割合を〔　　　　　　　　〕という。

☑ (4) 縮尺の分母の数字が大きいほど，縮尺は〔　大きい　小さい　〕。

☑ (5) 実際の距離は，地図上の長さ×縮尺の〔　　　　　　　　〕で求める。

☑ (6) 地図上では，とくにことわりがない場合，上が〔　　　　　　　　〕を示す。

☑ (7) 標高が同じところを結んだ線を〔　経緯線　等高線　〕という。

☑ (8) ‖ は〔　　　　　　　〕，∨ は〔　　　　　　　〕の地図記号である。

☑ (9) 等高線の間隔が広いと，土地の傾斜は〔　緩やか　急　〕である。

☑ (10) 統計資料などを使う調査を〔　文献　野外　〕調査という。

得点アップアドバイス

1

ヒント 調査を始める前に

(1) テーマから何が見つかるかを考えること。

テストで注意 縮尺

(4) 縮尺が大きい（分母が小さい）地形図ほど，建物などの情報が詳しく表される。

ヒント 土地の傾斜と等高線の間隔

(9) 土地の傾斜が急なところは等高線の間隔が狭くなる。

2 【調査テーマの決定と調査方法】
次の問いに答えなさい。

☑(1) X市の産業などについて調べるため，次の①～④の調査項目を設けてみた。それぞれの項目について聞き取り調査を行うには，どのような場所が適当か。あとのア～エから1つずつ選び，記号で答えなさい。
① 野菜栽培の農事カレンダー　　　　　　　〔　　　〕
② 国有林と私有林の割合　　　　　　　　　〔　　　〕
③ 産業別工業出荷額の割合の変化　　　　　〔　　　〕
④ 月別の果物の価格の変化　　　　　　　　〔　　　〕
ア 青果市場　　イ 森林管理署　　ウ 市役所　　エ 農家

☑(2) Y町のある地域の様子を，実際に歩いて調べるときに用意しておくとよいものの1つで，歩くコースや観察地点などを書き込んだ地図を何というか。〔　　　　　　　〕

3 【地図の使い方】
右の地形図を見て，次の問いに答えなさい。

地形図「石和」

☑(1) この地形図の縮尺は何分の1か。
〔　　　　　　　〕

☑(2) A地点から見て，D地点は8方位でどの方位にあるか。次のア～エから1つ選び，記号で答えなさい。
ア 北東　　イ 北西
ウ 南東　　エ 南西　　　　　　　　　　〔　　　〕

☑(3) A地点の標高はおよそ何mか。〔　　　　　〕

☑(4) A地点を中心としてB地点，C地点にかけて広がっている，緩やかな傾斜地を何というか。〔　　　　　　　〕

☑(5) この地形図上での2cmは，実際の距離では何mになるか。
〔　　　　　　　〕

4 【調査のまとめと結果の発表】
調査のまとめのために行う次の(1)，(2)に当てはまるものを，下のア～エから1つずつ選び，記号で答えなさい。

☑(1) 集めた資料を加工し，変化や分布を地図やグラフで表して，それを組み合わせたり，比較したりするなど，関連づけて特徴をとらえること。
〔　　　〕

☑(2) 仮説が正しかったかを，さまざまな見方や考え方で，ふりかえって考える。〔　　　〕
ア 情報　　イ 考察　　ウ 交換　　エ 分析

1 【調査テーマの決定と調査方法】【地図の使い方】
　右の地形図を見て，次の問いに答えなさい。

地形図「白馬町」

(1)　この地形図の①縮尺は何分の1か。また，それを調べるには，②地形図上の何を見たらよいか。

①〔　　　　　　〕

②〔　　　　　　〕

✓よくでる(2)　「みそら野別荘地」にみられる地形を漢字3字で何というか。

〔　　　　　　〕

✓よくでる(3)　地形図中に◯で示したA〜Dは，リフトのかかる斜面である。これらのうち，最も傾斜が緩やかなものはどれか。A〜Dから1つ選び，記号で答えなさい。〔　　　　〕

ミス注意(4)　この地形図を見ただけではわからないことを，次のア〜エから1つ選び，記号で答えなさい。

　ア　八方尾根スキー場は，はくば駅から見てほぼ西の方位にある。

　イ　白馬村役場は，はくば駅から1km以内のところにある。

　ウ　旅館や民宿の多くは，はくば駅周辺よりも，八方尾根スキー場の近くにある。

　エ　みそら野別荘地や白馬別荘地は，緩やかな傾斜地につくられている。　〔　　　　〕

思考(5)　白馬村のスキー客を調査するため，下のようなアンケート用紙を作成した。このアンケートは，どのような人に対して行うとよいか。次のア〜エから1つ選び，記号で答えなさい。

　ア　スキー場のリフトの利用客　　　　イ　別荘地で暮らす人々

　ウ　スキー場の売店の従業員　　　　　エ　はくば駅の乗降客　〔　　　　〕

アンケート用紙（抜粋）
1．あなたは白馬村のスキー場に今まで　2．白馬村のスキー場はいかがですか？
　何回来ましたか？
　□初めて　　　□2回目　　　　　　　□非常に満足　　　□満足
　□3〜5回目　　□6回以上　　　　　　□ふつう　　　　　□不満

2 【地図の使い方】

次の2つの地形図は，同じ範囲の1952年測量時と1995年測量時のものである。これを見て，次の問いに答えなさい。

地図Ⅰ（1952年測量）

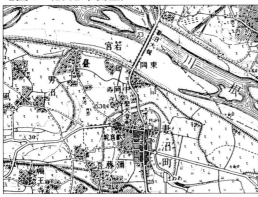

地形図「熊谷」

地図Ⅱ（1995年修正測量）

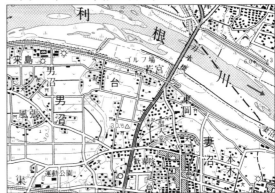

地形図「熊谷」

(1) 2つの地形図を比較したとき，土地利用が大きく変化したことがわかる。その変化とはどのようなものか。次のア～エから1つ選び，記号で答えなさい。

ア　茶畑から果樹園へ　　　　イ　桑畑から果樹園へ

ウ　桑畑から畑へ　　　　　　エ　茶畑から水田へ　　　〔　　　　　〕

✓よくでる (2) 図Ⅱの刀水橋の長さは，地形図上で測ると16mmで，実際の長さは800mである。この地形図の縮尺は何分の1か。　　　　　　　〔　　　　　〕

(3) 図Ⅱの利根川は──→の方向に向かって流れている。これを方位で表すとどのようになるか。「～から～へ」という形で8方位で書きなさい。　〔　　から　　へ〕

入試レベル問題に挑戦

3 【地図の使い方】

右の5万分の1地形図を見て，次の問いに答えなさい。

5万分の1地形図「内之浦」

◇　町役場からスタートし，──→に沿った道を通って叶岳の周りを1周するコースを走ることになった。このコースを円と仮定した場合，地形図上の直径がほぼ4cmの円となるこのコースの実際の距離は約何kmか。次のア～エから1つ選び，記号で答えなさい。

ア　4km　　　イ　6km

ウ　12km　　　エ　18km

〔　　　　　〕

ヒント

コースを円と仮定しているので，円周を求める。円周は直径×円周率（3.14）で求められる。

2 日本の自然環境の特色

リンク
ニューコース参考書
中学地理
p.172〜181

攻略のコツ 日本の地形や気候を理解し，災害への備えについてもつかもう。

テストに出る！ 重要ポイント

● 日本の地形

❶ 造山帯（変動帯）…地震や火山などが多い地域。**環太平洋造山帯とアルプス・ヒマラヤ造山帯。**

❷ **日本アルプス**…本州中央部にあり，その東側にフォッサマグナ。

❸ 日本の川…世界の川と比べ，**傾斜が急で流域面積が狭い。**

❹ さまざまな地形…平野と盆地。**扇状地と三角州**，台地など。

❺ 海岸と海…岩石海岸，砂浜海岸，**リアス海岸。**日本の近海には，暖流の**黒潮**（日本海流）と対馬海流，寒流の**親潮**（千島海流）とリマン海流が流れる。

● 日本の気候

❶ **温暖湿潤気候**（温帯）…日本の大部分が属する気候。

❷ 特色…**季節風（モンスーン）**の影響を受ける。梅雨や台風などにより降水量が多い。

❸ 気候区分…太平洋側の気候（夏は南東の季節風），**日本海側の気候**（冬は北西の季節風），北海道は冷帯（亜寒帯），南西諸島は亜熱帯の気候。

● 自然災害と備え

❶ 自然災害…**東日本大震災**などの地震や津波，火山の噴火。

❷ 気象災害…洪水，土砂崩れ，高潮，冷害，雪害，干害など。

❸ 災害に対する備え…防災から**減災**へ。**ハザードマップ（防災マップ）**の作成。防災意識（公助，自助，共助）を高める。

Step 1　基礎力チェック問題

解答 ▶ 別冊p.14

1 次の〔　　〕に当てはまるものを選ぶか，当てはまる言葉を書きなさい。

得点アップアドバイス

☑ (1) 日本列島は太平洋を取りまく〔　　　　　　　〕造山帯に属している。

☑ (2) 日本は国土の約〔　3分の2　4分の3　〕が山地と丘陵である。

☑ (3) 日本の太平洋側には，暖流の〔　　　　　〕と寒流の〔　　　　　〕が流れ，日本海側には，暖流の対馬海流と寒流のリマン海流が流れる。

☑ (4) 日本の気候は，季節によって吹く向きが変わる〔　偏西風　季節風　〕の影響を受ける。

☑ (5) 自然災害による被害を予測した地図を〔　　　　　　〕という。

1

確認 **造山帯**

(1) 日本は地盤が不安定な造山帯にあるために，地震や火山活動により大きな災害が起こりやすい。

2 【日本の地形】
右の地図を見て，次の問いに答えなさい。

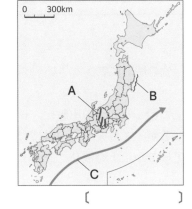

- ☑(1) 日本は**A**を含め山がちな地形である。日本が属し，太平洋を取り囲むように連なる火山や地震が多い地域を何というか。〔　　　　　　〕
- ☑(2) **A**で示した3つの山脈をまとめて何というか。〔　　　　　　〕
- ☑(3) (2)の東側には，東日本と西日本の境目となる溝状の地形が南北にのびている。この地形を何というか。〔　　　　　　　　　〕
- ☑(4) **B**の〜〜は入り江と岬が入り組んだ海岸がみられる。このような海岸を何というか。〔　　　　　　　　　〕
- ☑(5) **C**の海流を何というか。〔　　　　　　　　　〕

3 【日本の気候】
右の地図を見て，次の問いに答えなさい。

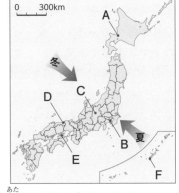

- ☑(1) **A**〜**F**の都市は，それぞれどの気候に属するか。気候名を書きなさい。

  A [　　　　　　] の気候
  B [　　　　　　] の気候
  C [　　　　　　] の気候
  D [　　　　　　] の気候
  E [　　　　　　] の気候
  F [　　　　　　] の気候

- ☑(2) 地図中の矢印は，日本の気候に影響を与える風の向きである。この風の名前を漢字3字で答えなさい。

  〔　　　　　　　　　〕

4 【自然災害と備え】
右の写真を見て，次の問いに答えなさい。

（朝日新聞社）

- ☑(1) 写真は2016年の熊本で起こった災害の様子である。原因となった災害を，次の**ア**〜**ウ**から1つ選び，記号で答えなさい。

  〔　　　　〕

  ア 干ばつ　**イ** 地震　**ウ** 洪水

- ☑(2) 災害の際に，一般の人々が避難所での炊き出しや清掃などの支援を自主的に行うことを何というか。〔　　　　　　　　　〕

得点アップアドバイス

2 ‥‥‥‥‥‥‥

確認 日本を東西に分ける溝

(3) この溝を境に，日本列島の東西の地形の特徴が異なる。山脈（山地）が東側は南北方向に連なり，西側は東西方向に連なる。

三陸海岸や志摩半島は，地形を利用した養殖がさかんだよ。

3 ‥‥‥‥‥‥‥

ヒント 日本の気候区分

(1) 日本のほとんどは温帯に属するが，北海道は冷帯（亜寒帯），南西諸島は亜熱帯に分類される。ほかに中央高地（内陸[性]）の気候や瀬戸内の気候がある。

確認 冬は北西，夏は南東から吹く風

(2) この風は，冬は北西から吹き，日本海をわたるときに大量の水蒸気を含むため，日本海側の地域に多くの雪や雨を降らせる。夏は南東から吹き，太平洋側沿岸に多くの雨を降らせる。

4 ‥‥‥‥‥‥‥

ヒント 熊本城

(1) 写真は，石垣が崩れた熊本城である。

1 【日本の地形】
右の地図を見て，次の問いに答えなさい。

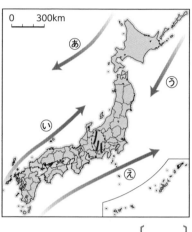

(1) 地図中の〰〰で囲んだ3つの山脈は，日本アルプスと呼ばれているが，この3つの山脈に含まれないものを，次のア〜エから1つ選び，記号で答えなさい。
ア　越後山脈　　イ　赤石山脈
ウ　木曽山脈　　エ　飛驒山脈　　　　〔　　　　〕

(2) 日本が属する環太平洋造山帯に含まれる山脈を，次のア〜エから1つ選び，記号で答えなさい。
ア　アンデス山脈　　イ　ヒマラヤ山脈
ウ　ウラル山脈　　　エ　アルプス山脈　　　　〔　　　　〕

ミス注意 (3) 地図中の➡は，日本の周りを流れる海流を示したものである。あ〜えの海流を説明した文として正しいものを，次のア〜エから1つ選び，記号で答えなさい。
ア　あは暖流の対馬海流である。　　イ　いは寒流の親潮である。
ウ　うは寒流のリマン海流である。　エ　えは暖流の黒潮である。　　〔　　　　〕

思考 (4) 右の資料は，日本と世界の主な川を比較したものである。この資料から，世界の川と比べて日本の川にはどのような特徴があることが読み取れるか，簡潔に書きなさい。

〔　　　　　　　　　　　　　　　　　　　　　　　　〕

2 【日本の気候】
右の資料を見て，次の問いに答えなさい。

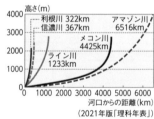

(1) 資料は，2つの季節の季節風の風向きの変化を示したものである。A・Bの季節の組み合わせとして正しいものを，次のア〜エから1つ選び，記号で答えなさい。
ア　A：秋，B：夏　　イ　A：冬，B：夏
ウ　A：夏，B：冬　　エ　A：秋，B：冬　　〔　　　　〕

(2) 温帯の中で，日本の大部分が属する，季節風の影響を受ける気候を何というか。　　〔　　　　〕

ハイレベル (3) 夏のはじめに北の冷たい気団と南の暖かい気団が日本列島の上空でぶつかり，ある前線が停滞し，雨が多くなる時期がある。この現象を何というか。　〔　　　　〕

3 【自然災害と備え】
右の資料を見て，次の問いに答えなさい。

✔よくでる (1)　近年，日本では自然災害がひんぱんに起こり，人的被害も出ている。右の地図中のW〜Zで起きた自然災害について述べたものを，次のア〜オから1つずつ選び，記号で答えなさい。

ア　2011年に発生した東日本大震災により，広い範囲に巨大な津波が押し寄せ，多くの人々が犠牲になった。

イ　1995年に阪神・淡路大震災が起こり，6千人を超える犠牲者を出した。

ウ　2000年に23年ぶりに有珠山が噴火し，周辺に住む人々が避難した。

エ　2000年に伊豆諸島の三宅島が噴火し，全島民が東京などに避難した。

オ　1990年に雲仙岳（普賢岳）が噴火して，翌年火砕流が発生し，多くの人々が犠牲になった。　　　　　W〔　　　〕X〔　　　〕Y〔　　　〕Z〔　　　〕

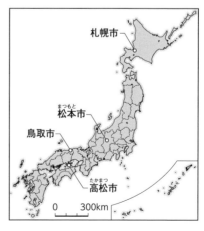

(2)　地図中の◯◯◯◯の地域では，夏の低温や日照不足で作物の生育が悪くなり農作物に被害が出ることがある。このような気象災害を何というか。　　　　　〔　　　　　　　〕

思考 (3)　災害に対する防災意識を高めるために，公助・自助・共助の考え方がある。共助とはどのようなものか，「地域」の語句を使って簡潔に書きなさい。
〔　　　　　　　　　　　　　　　　　　　　　　　　　　　　　　　　　　　　〕

入試レベル問題に挑戦

4 【日本の気候】
次のア〜エのグラフは，右の地図中の4つの都市の気温と降水量の変化を表している。ア〜エのうち，札幌市と鳥取市のものはどれか。それぞれ1つずつ選び，記号で答えなさい。

札幌市〔　　　〕　鳥取市〔　　　〕

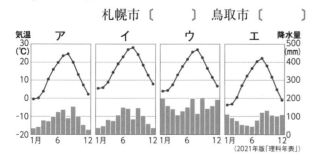

（2021年版「理科年表」）

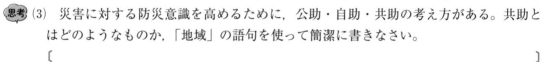

💡 ヒント

　札幌市は，平均気温が0度を下回る月が3か月ある。鳥取市は日本海側の気候なので，冬は北西の季節風の影響で降水量が多くなる。松本市は中央高地の気候，高松市は瀬戸内の気候である。

リンク
ニューコース参考書
中学地理
p.186〜189

3 日本の人口 / 資源の特色

攻略のコツ 日本の人口構成や人口分布，資源の輸入先について押さえよう。

テストに出る! **重要ポイント**

● **日本の人口**

❶ **人口の変化**…**少子高齢化**が進み，**人口ピラミッド**が富士山型→つりがね型→つぼ型と変化。人口減少社会へ。

❷ **三大都市圏**…東京・大阪・名古屋に人口が集中。

❸ **過密地域と過疎地域**…都市部は人口が集中し**過密**。農村部は若者が都市部へ流出し**過疎**になり，高齢化も進む。

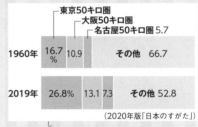

↑全国に占める三大都市圏の人口の割合

	東京50キロ圏	大阪50キロ圏	名古屋50キロ圏 5.7	その他
1960年	16.7%	10.9		その他 66.7
2019年	26.8%	13.1	7.3	その他 52.8

(2020年版「日本のすがた」)

● **日本の資源・エネルギー**

❶ **輸入に頼る鉱産資源**…石炭，石油，鉄鉱石などの多くを輸入。石油は**西アジア**，石炭や鉄鉱石はオーストラリアから輸入。

❷ **日本の電力**…**火力発電**が中心だが，地球温暖化が問題。原子力発電は福島第一原子力発電所の事故から利用を見直されている。

❸ **再生可能エネルギー**…太陽光，風力，地熱など。

Step 1 基礎力チェック問題

解答 別冊p.14

1 次の〔　　〕に当てはまるものを選ぶか，当てはまる言葉を書きなさい。

☑ (1) ある国や地域の人口を面積で割った数値を〔　　　　　　〕という。

☑ (2) 現在の日本の人口ピラミッドは，子どもの割合が低く，高齢者の割合が高い〔　富士山型　つりがね型　つぼ型　〕である。

☑ (3) 日本の総人口の半分近くが，〔　　　　　〕といわれる東京・大阪・名古屋とその周辺に住んでいる。

☑ (4) 日本では，大都市で人口が集中しすぎる〔　　　　　〕が起きているいっぽうで，農村や山間部などでは人口が著しく減少する〔　　　　　〕が深刻である。

☑ (5) 日本は鉱産資源が乏しく，〔　　　　　〕は西アジアなどから，石炭や鉄鉱石はオーストラリアなどから主に輸入している。

☑ (6) 日本の発電の中心となっているのは〔　　　　　〕発電で，多くの二酸化炭素を排出することが課題である。

得点アップアドバイス

1

💡 ヒント **人口ピラミッドの形**
(2) 少子高齢社会の人口ピラミッドの形は，65歳以上の部分が広く，15歳未満の部分が狭くなる。

💡 ヒント **東京・大阪・名古屋**
(3) 3つの都市の周辺を合わせた呼び方である。

2 【日本の人口】

次の図を見て，あとの問いに答えなさい。

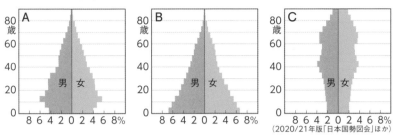

(2020/21年版「日本国勢図会」ほか)

☑(1)　A～Cの人口ピラミッドを，それぞれ何型というか。次の**ア～ウ**から1つずつ選び，記号で答えなさい。

ア　富士山型　　　**イ**　つぼ型　　　**ウ**　つりがね型

A〔　　　〕　B〔　　　〕　C〔　　　〕

☑(2)　A～Cを日本の人口ピラミッドの変化と考えるとき，年代の古いものから順に並べかえなさい。〔　　　→　　　→　　　〕

☑(3)　日本のように，総人口に占める65歳以上の人口の割合が高い社会を何というか。〔　　　　　　　〕

☑(4)　日本の農村部では(3)の傾向が強く，人口の減少による地域社会の維持が問題となっている。このような状態を何というか。

〔　　　　　　　〕

3 【日本の資源・エネルギー】

右の図を見て，次の問いに答えなさい。

☑(1)　右のグラフは，日本の主な鉱産資源の輸入先である。A～Cに当てはまる鉱産資源名を答えなさい。

A〔　　　　　〕

B〔　　　　　〕

C〔　　　　　〕

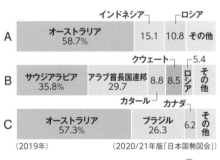

(2019年)　　　　(2020/21年版「日本国勢図会」)

☑(2)　右のグラフは，日本の発電量の割合の推移である。あ～うは原子力・火力・水力のいずれかである。うに当てはまるものは何か。

(2020/21年版「日本国勢図会」)

〔　　　　　　　〕

☑(3)　次の①・②は，グラフ中のえに関する説明である。それぞれに当てはまる発電の種類を書きなさい。

①　火山の地下の熱水や蒸気を利用して発電する。〔　　　　　〕

②　風車を使い，風の力を利用して発電する。〔　　　　　〕

得点アップアドバイス

2 ‥‥‥‥‥‥‥

テストで注意　人口ピラミッド

(1)　一般に発展途上国は富士山型で，産業が発達するにしたがってつりがね型，つぼ型へと変化する。

3 ‥‥‥‥‥‥‥

ヒント　鉱産資源の輸入先

(1)　石油は西アジアの国が多く，石炭と鉄鉱石はオーストラリアが多いが，鉄鉱石は2位がブラジルである。

ヒント　大震災による事故

(2)　日本では2011年の東日本大震災にともなう原子力発電所の事故により，原子力発電が見直された。

確認　再生可能エネルギー

(3)　発電時に二酸化炭素を排出しないクリーンなエネルギーであるが，コストが高いことや安定的な発電が難しいなどの課題がある。

1 【日本の人口】

右の地図やグラフを見て，次の問いに答えなさい。

(1) 右の日本の人口分布の地図と日本の地形から考えられることを，次のア～エから2つ選び，記号で答えなさい。

ア　人口は平野部と山間部とにかかわらず均一に分布している。

イ　人口は平野や盆地に集中している。

ウ　人口の密集する都市部は日本海側に多い。

エ　三大都市圏や地方中枢都市に人口が集中している。

〔　　・　　〕

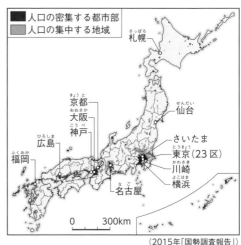

■ 人口の密集する都市部
▨ 人口の集中する地域

札幌　京都　大阪　神戸　広島　福岡　名古屋　仙台　さいたま　東京（23区）　川崎　横浜

0　　300km

（2015年「国勢調査報告」）

(2) 右のグラフ中の①～③には，それぞれ人口が集中する都市名が入る。当てはまる都市名を地図中から選んで書きなさい。

①〔　　　　〕　②〔　　　　〕　③〔　　　　〕

総人口に占める割合

その他
52.8
①50キロ圏
26.8%
2019年
②50キロ圏
13.1
③50キロ圏
7.3

（2020年版「日本のすがた」）

(3) 東京の都心部では，地価の上昇などから郊外へ人口が流出したが，近年，都心部の再開発などによって再び都心部の人口が増加する現象がみられる。このような現象を何というか。

〔　　　　　　　〕

ミス注意 (4) 地図中に示されている。の都市は，何を表しているか。次のア～エから1つ選び，記号で答えなさい。

ア　新幹線がとまる駅がある都市

イ　人口が100万人を超える都市

ウ　村（町）おこしがさかんな都市

エ　農業産出額が全国有数の都市

〔　　　〕

(5) 次の①～⑥は過密地域と過疎地域のどちらで起こりやすい問題か。過密地域の問題にはA，過疎地域の問題にはBを，それぞれ〔　　〕に書きなさい。

① 交通渋滞　　　〔　　〕　　② 若者の減少　　〔　　〕

③ 経済活動の衰退〔　　〕　　④ ごみ処理問題　〔　　〕

⑤ 交通機関の廃止〔　　〕　　⑥ 騒音　　　　　〔　　〕

思考 (6) 過疎地域では，村や町を活性化させるために，IターンやUターンをすすめるなどの取り組みがみられる。Iターンとはどのようなことか，簡潔に書きなさい。

〔　　　　　　　　　　　　　　　　　　　　　　　　〕

2 【日本の資源・エネルギー】
　　右の地図とグラフを見て，次の問いに答えなさい。

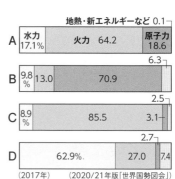

(2017年版「電気事業便覧」ほか)

✓よくでる (1)　地図中の▲は，ダムを建設しやすい河川上流の山間部につくられることが多い発電所の主な所在地を示している。この発電所の種類は何か。次のア～エから1つ選び，記号で答えなさい。
　　　ア　地熱発電所
　　　イ　水力発電所
　　　ウ　風力発電所
　　　エ　原子力発電所　　　　　　　〔　　　　〕

思考 (2)　地図中の•は，火力発電所の主な所在地を示している。火力発電所は，どのような場所に多く分布しているか。簡潔に書きなさい。
　　　〔　　　　　　　　　　　　　　　　　　　　　〕

(3)　右のグラフは，世界の主な国の発電エネルギー源別割合を示している。グラフ中のA～Dは，日本，ロシア連邦，フランス，ブラジルのいずれかである。フランスとブラジルに当てはまるグラフを，A～Dから1つずつ選び，記号で答えなさい。
　　　　　　　　　　　　フランス〔　　　　〕
　　　　　　　　　　　　ブラジル〔　　　　〕

地熱・新エネルギーなど 0.1

A	水力 17.1%	火力 64.2	原子力 18.6

6.3

B	9.8% 13.0	70.9	

2.5

C	8.9%	85.5	3.1

2.7

D	62.9%.	27.0 7.4

(2017年)　　　(2020/21年版「世界国勢図会」)

入試レベル問題に挑戦

3 【日本の資源・エネルギー】
　　右のグラフを見て，次の問いに答えなさい。

(1)　右のグラフは，日本の石炭，石油，天然ガスの輸入量の国別割合である。グラフ中のA・Bに当てはまる国を，次のア～エから1つずつ選び，記号で答えなさい。
　　　ア　中国　　　イ　サウジアラビア　　　ウ　ブラジル　　　エ　オーストラリア
　　　　　　　　　　　　　　　　　　　A〔　　　　〕B〔　　　　〕

インドネシア

石炭	A 58.7%	15.1	ロシア 10.8	その他

クウェート　　　ロシア

石油	B 35.8%	アラブ首長国連邦 29.7	8.8	8.5	5.4	その他

マレーシア　　カタール　　ブルネイ

天然ガス	A 38.9%	12.1	カタール 11.3	ロシア 8.3	5.6	その他

(2019年)　　　(2020/21年版「日本国勢図会」)

(2)　グラフの資源の消費は，地球温暖化の原因になるといわれている。これらの資源の消費によって大気中に発生するものを答えなさい。
　　　〔　　　　　　　　　　　〕

　　ヒント

(1)　日本の天然ガスと石炭の最大の輸入相手国は同じ国である。
(2)　グラフの資源は化石燃料といわれる。

日本の産業／世界と日本の結びつき

リンク
ニューコース参考書
中学地理
p.192〜205

攻略のコツ 日本の産業の特色や問題点，交通・通信網の発達についてつかもう。

テストに出る！ **重要ポイント**

● **日本の農業・林業・漁業**

❶ 農業の特色と課題…大都市周辺で**近郊農業**，ほかに**促成栽培**や**抑制栽培**。貿易の自由化が進み，食料自給率が低下。農業人口の減少と高齢化が進んでいる。

❷ 林業…すぎやひのきを植林した**人工林**を木材にして生産。

❸ 漁業…漁獲量の減少。**養殖業**や**栽培漁業**で水産資源を保護。

● **日本の工業**

❶ **太平洋ベルト**…工業地帯・地域が連なり，人口も集中。

❷ 工業団地…内陸部に整備された高速道路沿いに進出。

❸ 工業の変化…**加工貿易**の形が崩れ，製品の輸入が増加。工場の海外移転により**産業の空洞化**が進む。

● **日本の商業・サービス業**

❶ **第三次産業**…商業やサービス業などで働く人の割合が最高。

❷ 商業…卸売業や小売業。大型ショッピングセンターの増加。

❸ **サービス業**…**情報通信技術（ICT）**を利用した企業が三大都市圏に集中。医療・福祉サービス業の増加。

● **日本の交通網・通信網**

❶ 世界との結びつき…重くてかさばる貨物は**海上輸送**，軽くて高価な貨物は**航空輸送**。国際間の旅客輸送は航空輸送中心。

❷ 交通網…新幹線，航空路線，高速道路などの**高速交通網**の整備。

❸ 通信網…通信ケーブルや通信衛星の整備で，インターネットの普及と**情報通信技術（ICT）**の発達。

Step 1　基礎力チェック問題

解答　別冊p.15

1 次の〔　　〕に当てはまるものを選ぶか，当てはまる言葉を書きなさい。

☑ (1) 大都市周辺では〔　　　　　　　　〕農業がさかんである。

☑ (2) 日本の食料自給率は低く，とくに〔 米　小麦 〕や大豆の自給率が低い。

☑ (3) 近年，日本の漁業は養殖業や栽培漁業など，〔 とる　育てる 〕漁業に力を入れている。

☑ (4) 内陸部では〔 機械工業　石油化学工業 〕が発達しており，高速道路沿いに多くの工場が集まった〔　　　　　　　〕ができている。

 得点アップアドバイス

1 ....

確認 **食料自給率**

(2) 日本の食料自給率は先進国のなかでもとくに低い。

2 【日本の農業・林業・漁業】
次の問いに答えなさい。

☑(1)　温暖な気候をいかし，ビニールハウスなどで野菜の生育を早め，ほかの産地より早い時期に出荷（しゅっか）する栽培方法を何というか。

〔　　　　　　　〕

☑(2)　大都市周辺で，大都市向けの野菜などを生産する農業を何というか。

〔　　　　　　　〕

☑(3)　右のグラフ中のA～Dのうち，輸入量の変化を示しているものを1つ選び，記号で答えなさい。　〔　　　　〕

☑(4)　グラフ中のCは，多くの国が排他（はいた）的経済水域を設けたために1970年代から急激に漁獲（ぎょかく）量が減少した。この漁業は何か。　〔　　　　〕

☑(5)　近年力を入れている「育てる漁業」のうち，卵からかえして育てた稚魚や稚貝を海などに放流し，成長してからとる漁業を何というか。

〔　　　　　　　〕

漁業種類別漁獲量と輸入量の変化
(2020/21年版「日本国勢図会」など)

3 【日本の工業】【日本の商業・サービス業】
右の地図を見て，次の問いに答えなさい。

☑(1)　地図中に□□□で示した地域には，多くの工業地帯と工業地域が集まっている。この地域を何というか。

〔　　　　　　　〕

☑(2)　地図中の■■■の都道府県で産業別人口の75％以上を占（し）める産業は第何次産業か。　〔　　　　〕

北海道
福岡県
千葉県
東京都
神奈川県
大阪府
沖縄県
0　　300km

4 【日本の交通網・通信網】
右のグラフを見て，次の問いに答えなさい。

☑(1)　日本の航空輸送による輸入品を示しているのは，A・Bのどちらか，記号で答えなさい。〔　　　〕

☑(2)　一般（いっぱん）に最も航空輸送に向いているものを，次のア～ウから1つ選び，記号で答えなさい。

ア　安価で大きい　　イ　高価で重い　　ウ　高価で軽い

〔　　　　〕

輸入における海上輸送と航空輸送の割合

				液化ガス	
A輸送(2018年)	石炭25.0%	原油19.6	鉄鉱石16.3	12.3	その他26.8

	医薬品		科学光学機器		
B輸送(2019年)	12.7%	10.5	7.7	6.5	その他62.6

半導体等電子部品　　事務用機器
(2020/21年版「日本国勢図会」)

得点アップアドバイス

2 ……………

ヒント　漁獲量と輸入量の関係
(3)　日本の漁獲量は大きく減少しており，それを補うために輸入量が増加した。

テストで注意　育てる漁業
(5)　「育てる漁業」には2種類あるので，混同しないように注意。いけすなどの人工的な施設（しせつ）で育てて一度も放流せずに出荷する漁業は，養殖業（ようしょくぎょう）という。

3 ……………

ヒント　産業の区分
(2)　第一次産業は農林水産業，第二次産業は製造業，建設業など，第三次産業は商業やさまざまなサービス業である。

4 ……………

ヒント　海上輸送と航空輸送
(1)(2)　海上輸送は重く，大きな貨物の輸送に適しており，航空輸送は軽くて高価な貨物や新鮮（しんせん）さを保つことが必要な貨物の輸送に適している。

1 【日本の農業・林業・漁業】
右の地図を見て，次の問いに答えなさい。

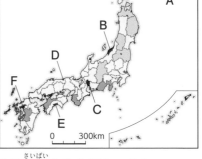

(2021年版「データでみる県勢」)

✓よくでる (1)　地図中の ⓐ，ⓑ は，それぞれある果物の上位
5位までの生産県を示している。当てはまる果
物を，次のア～オから1つずつ選び，記号で答
えなさい。

　ア　みかん　　　イ　さくらんぼ
　ウ　ぶどう　　　エ　りんご
　オ　もも

　　　　　　　　　ⓐ〔　　　　〕 ⓑ〔　　　　　〕

(2)　温暖な気候をいかし，ビニールハウスなどで
野菜の生育を早め，ほかの産地より早い時期に出荷する栽培方法を何というか。

　　　　　　　　　　　　　　　　　　　　　　　　　　　〔　　　　　　　　　〕

(3)　(2)の栽培方法がさかんな地域を，地図中のA～Fから1つ選び，記号で答えなさい。

　　　　　　　　　　　　　　　　　　　　　　　　　　　　　　〔　　　　〕

2 【日本の工業】
右の地図を見て，次の問いに答えなさい。

✓よくでる (1)　A～Dの工業地帯・地域名を書きなさい。

　　　　A〔　　　　　　　　〕工業地帯
　　　　B〔　　　　　　　　〕工業地帯
　　　　C〔　　　　　　　　〕工業地帯
　　　　D〔　　　　　　　　〕工業地域

(2)　次の文に当てはまる工業地帯・地域を，地図中
のA～Dから1つ選び，記号で答えなさい。

> 全国最大の工業出荷額を誇り，自動車を中
> 心とする機械工業の割合が高い。

　　　　　　　　　　　　　　　　　　　　　　　　　　　〔　　　　〕

(3)　日本は，燃料や原料を輸入して製品を輸出する貿易で，国内の工業を発展させてきた。
このような貿易を何というか。　　　　　　　　　　　〔　　　　　　　　　〕

思考 (4)　(3)の貿易の形は近年崩れ，労働力が豊富で賃金が安い海外に工場を移す企業が増え，
産業の空洞化が問題となってきた。産業の空洞化とはどのようなことか，簡潔に書き
なさい。

　〔　　　　　　　　　　　　　　　　　　　　　　　　　　　　　　　　　〕

③ 【日本の交通網・通信網】

右の地図を見て，次の問いに答えなさい。

ミス注意 (1) 次の文に当てはまる新幹線を，右の地図中の**A**～**F**から１つずつ選び，記号とその新幹線の名前を答えなさい。

① 日本で最初に開通した新幹線で，富士山や茶畑などの風景がみられる。

〔　　　　〕・〔　　　　　　　　〕新幹線

② 2011年に博多〜鹿児島中央間の全線が開通した新幹線で，主要都市間の移動時間が大幅に短縮された。

〔　　　　〕・〔　　　　　　　　〕新幹線

③ 東京を出発し，さいたま，宇都宮，福島，仙台，盛岡といった都市を通り，青森まで乗客を運ぶ新幹線である。

〔　　　　〕・〔　　　　　　　　　　〕新幹線

(2) 地図中の━━が示しているものは何か。

〔　　　　　　　　〕

思考 (3) 地図中の○印は，鉄鋼業のさかんな都市である。これらの都市が臨海部に位置する理由を，簡潔に書きなさい。

〔　　　　　　　　　　　　　　　　　　　　〕

(4) 右のグラフ中の@は，近年の国内輸送の中心となっている輸送手段である。@に当てはまる輸送手段を答えなさい。

〔　　　　　　　　〕

国内輸送の割合の変化

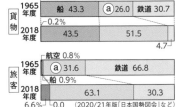

		航空 0.0%			
貨物	1965年度	船 43.3	@26.0	鉄道 30.7	
	2018年度	−0.2%	43.5	51.5	4.7

		航空 0.8%		
旅客	1965年度	@31.6	鉄道 66.8	
		船 0.9%		
	2018年度	6.6%	63.1	30.3
		−0.0		

(2020/21年版「日本国勢図会」など)
※四捨五入により合計が100にならない場合があります。

入試レベル問題に挑戦

④ 【日本の交通網・通信網】

交通・通信網が発達したことで日本に生じた実際の変化として<u>適切でないもの</u>を，次のア～エから１つ選び，記号で答えなさい。

ア インターネットを利用して，住んでいる地域に関係なく商品を買える機会が増えた。

イ 多くの過疎地域で，道路の整備やバス路線の充実によって過疎地域間での移動が便利になった。

ウ 郊外に大きな駐車場を備えた大規模な店が増加し，自動車で買い物に行く機会が増えた。

エ 新幹線は北海道地方から九州地方にも達し，都市間の移動にかかる時間が大きく短縮した。

〔　　　〕

💡 **ヒント**

交通・通信網の発達により，商品の流通や人の移動，消費活動にも大きな変化が生じている。しかし，交通網は，多くの人々の利用が見込まれる地域に限って発達しているという点に注意しよう。

定期テスト予想問題 ④

時間 ▶ 50分
解答 ▶ 別冊 p.16

得点

／100

出題範囲：身近な地域の調査〜日本の産業／世界と日本の結びつき

1 身近な地域の調査について，次の問いに答えなさい。　【2点×4】

(1) 次の①〜③は，地域の農業の様子について調べるために行われた活動である。①〜③の調査方法は，それぞれあとの**ア〜ウ**のどれに当てはまるか，1つずつ選び，記号で答えなさい。

① どの場所でどのような農作物がつくられているか，実際に地域を歩いて調べてみる。

② 農家の人に会って，農作業を行ううえでの工夫や，近年，住宅が増えたことでの変化などを質問する。

③ この地域では，主にどんな農作物がどのくらい生産され出荷されているか，統計などをもとにまとめる。

ア 聞き取り調査 　**イ** 文献調査 　**ウ** 野外調査

(2) (1)の**ウ**の野外調査を行うときに用意するとよい，歩く道順や調べる事柄などを書き込んだ地図を何というか。

(1) ①		②		③		(2)	

2 右の2万5千分の1の地形図を見て，次の問いに答えなさい。　【(3)は6点，ほかは2点×2】

(1) 右の地形図上で，工場の敷地面積は1 cm² である。実際の面積は何 m² か。次の**ア〜エ**から1つ選び，記号で答えなさい。

ア 62.5 m² 　**イ** 62,500 m²
ウ 1 m² 　**エ** 250 m²

(2) 右の地形図上の**A**—**B**間の長さは2 cm である。実際の距離とその周辺の土地利用について述べた文として正しいものを，次の**ア〜エ**から1つ選び，記号で答えなさい。

ア 実際の距離は50 mで，北側に消防署がある。

イ 実際の距離は500 mで，南側に警察署がある。

ウ 実際の距離は50 mで，北側の山すそに桑畑がある。

エ 実際の距離は500 mで，南側に果樹園がある。

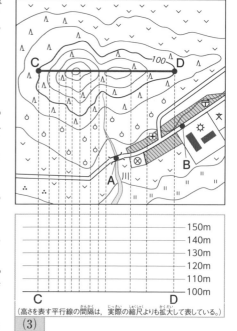

(高さを表す平行線の間隔は，実際の縮尺よりも拡大して表している。)

(3) 地形図上の**C**━**D**間の断面図を右上の図中にかきなさい。

(1)		(2)	

3 日本の自然環境について，右の地図や資料を見て次の問いに答えなさい。

【(2)(4)(6)(7)は2点×5，ほかは3点×6】

(1) 世界の地形について述べた，次の文の①・②に当てはまる語句を答えなさい。

◇ 世界には2つの造山帯がある。アンデス山脈やロッキー山脈，日本列島などが属する（ ① ）造山帯と，ユーラシア大陸南部に連なる（ ② ）造山帯である。

(2) 地図中の**X**は3000m級の山々が連なり，日本アルプスと呼ばれている。次の**ア～エ**のうち，日本アルプスに属さない山脈を1つ選び，記号で答えなさい。

ア 木曽山脈 　　**イ** 赤石山脈
ウ 奥羽山脈 　　**エ** 飛驒山脈

(3) 地図中の◯の地域には，入り江と岬が入り組んだ海岸地形がみられる。このような海岸地形を何というか。

(4) 地図中の**あ～え**は，日本列島周辺を流れる海流を表している。このうち，黒潮（日本海流）を表しているものを1つ選び，記号で答えなさい。

(5) 地図中の**Y**の盆地でみられる，川が山地から平地に出るところに土砂を積もらせてできた地形を何というか。

(6) 1995年，地図中の**a**の都市を中心として起こり，大きな被害を出した地震を，次の**ア～エ**から1つ選び，記号で答えなさい。

ア 関東大震災 　　**イ** 阪神・淡路大震災
ウ 東海地震 　　**エ** 南海地震

(7) 資料Ⅰの①と②はそれぞれ，地図中の**ア～カ**のいずれかの都市の雨温図を表している。①・②に当てはまる都市を，地図中の**ア～カ**から1つずつ選び，記号で答えなさい。

(8) 資料Ⅱは，自然災害による被害の可能性や避難場所，避難経路などを示した地図である。このような地図を何というか。

(9) 資料Ⅱの作成や確認は，災害が起こったときに被害を防ぐ防災という考え方や，被害をできる限り小さくする（ ）という考え方の取り組みの1つといえる。（ ）に当てはまる語句を答えなさい。

資料Ⅰ

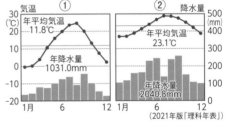

（2021年版「理科年表」）

資料Ⅱ

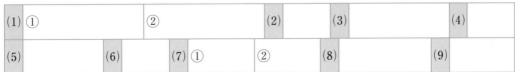

(1)①		②		(2)		(3)		(4)
(5)		(6)		(7)①		②	(8)		(9)

4 日本の人口について，右の資料を見て次の問いに答えなさい。 【(3)は6点，ほかは2点×3】

(1) 右のグラフを参考に，次の文の①・②に当てはまる語句を書きなさい。

◇ 人口構成を示す日本の人口ピラミッドは，1930年ごろには（ ① ）型であったが，現在では（ ② ）社会を示すつぼ型であり，2010年ごろから人口が減少傾向にある。

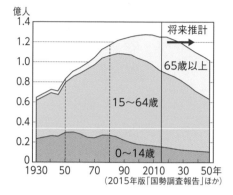
(2015年版「国勢調査報告」ほか)

(2) グラフの2010年以降のような人口構成の変化が進みやすいのは，一般に過密地域と過疎地域のどちらか。

(3) 日本では少子高齢化が進んでいる。これによって問題となることを1つ書きなさい。

(1)	①		②		(2)		
(3)							

5 日本のエネルギー資源について，次の問いに答えなさい。 【2点×6】

(1) ①火力発電，②原子力発電，③水力発電について述べた文を，次のア～ウから1つずつ選び，記号で答えなさい。

ア ウランを燃料にした発電で効率がよいが，2011年に起きた東北地方太平洋沖地震（東日本大震災）に伴う，福島第一原子力発電所の事故のように，放射能漏れなどの問題がある。

イ ダムを建設しやすい河川上流の山間部などにつくられることが多い。ブラジルやカナダで発電の中心となっており，日本では中央高地などに多い。

ウ 石油や石炭などを燃やすことによって発電し，中国やアメリカなど，多くの国で発電の中心となっているが，地球温暖化を早めるなどの問題がある。

(2) 右の①・②のグラフは，ある資源の日本の輸入先を表している。当てはまる資源を，次のア～エから1つずつ選び，記号で答えなさい。

ア 石炭　　イ 石油
ウ 鉄鉱石　エ 天然ガス

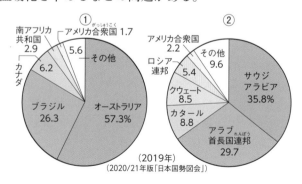
(2019年)
(2020/21年版「日本国勢図会」)

(3) 環境にやさしい，再生可能エネルギーを1つ書きなさい。

(1)	①		②		③		(2)	①		②		(3)	

6 日本の産業・貿易・運輸について，右の地図や資料を見て次の問いに答えなさい

【(2)(3)は3点×2，ほかは2点×12】

(1) 次の①～④の文に当てはまる地域を，地図中のア～カから1つずつ選び，記号で答えなさい。

① 温暖な気候をいかし，ビニールハウスなどを利用して，野菜の促成栽培を行っている。

② 牧草地が広がり，酪農がさかんである。

③ たまねぎなどの野菜の近郊農業がさかんである。

④ 信濃川の下流域で，水田単作地帯となっている。

(2) 地図中のAの水域などで行われている，魚介類をいけすやいかだなどを使って大きくなるまで人工的に育てて出荷する漁業を何というか。

(3) 「とる漁業」に対して，(2)などの漁業を，何というか。

(4) 地図中のaとbの工業地帯・地域の工業出荷額の内訳を示すグラフを，資料Ⅰのアとイからそれぞれ1つずつ選びなさい。

(5) 日本の工業について述べた，次の文の①・②に当てはまる語句を書きなさい。

◇ 1980年代後半から日本の企業は，安い賃金などを求め，（ ① ）に工場を移し生産するようになった。これによって，日本国内の生産が衰える「産業の（ ② ）」が進むこととなった。

(6) 資料Ⅱは，日本の貿易の内訳を示している。a，bに当てはまる貿易品を，次のア～エから1つずつ選び，記号で答えなさい。

ア 繊維品 イ 石油
ウ 航空機類 エ 自動車

(7) 資料Ⅲは，国内の輸送割合の変化を示している。a・bに当てはまる輸送手段を，次のア～エから1つずつ選び，記号で答えなさい。

ア 自動車 イ 鉄道 ウ 船 エ 航空

資料Ⅰ

資料Ⅱ

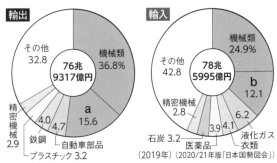

資料Ⅲ

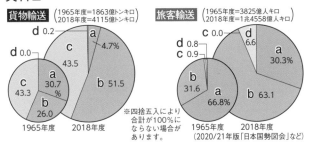

(1)①		②		③		④		(2)			(3)			(4) a	
b		(5)①			②			(6) a		b		(7) a		b	

75

5 九州地方

リンク
ニューコース参考書
中学地理
p.218～225

攻略のコツ 自然と農業の関係をつかみ，工業の変化と環境問題への取り組みを押さえよう。

テストに出る！ **重要ポイント**

◎ **九州地方の自然環境と暮らし**

❶ 自然環境…**カルデラ**がある阿蘇山などの火山が多い。全体的に温暖な気候，南西諸島は亜熱帯の気候。

❷ 自然を利用した暮らし…火山を温泉や**地熱発電**などにいかす。集中豪雨や，台風による風水害にも備える。

◎ **九州地方の農業**

❶ 筑紫平野…稲作の中心地で，二毛作が行われてきた。

❷ 九州南部…**シラス台地**は稲作に不向きで，野菜や茶の栽培。宮崎平野で**促成栽培**，鹿児島県・宮崎県で畜産がさかん。

◎ **九州地方の工業の変化と環境保全**

❶ 工業…**北九州工業地域（地帯）**は鉄鋼業で発展。現在はＩＣ（集積回路）工場や自動車工場が進出し，機械工業中心。

❷ 環境と開発…北九州市は**エコタウン**事業を展開。水俣市は**水俣病**を乗り越え，環境に配慮したまちづくり。

❸ 持続可能な社会…環境モデル都市，ＳＤＧＳ未来都市を推進。

◎ **南西諸島の自然と生活や産業**

❶ 亜熱帯の気候…**さんご礁**の海が広がり，台風や暑さに備えた伝統的な住居。さとうきび，パイナップルの栽培。

❷ 歴史と観光業…**琉球王国**が栄え，1972年までアメリカが統治。自然環境や独特の文化をいかした**観光業**がさかん。

Step 1 基礎力チェック問題

解答 別冊p.17

1 次の〔 〕に当てはまるものを選ぶか，当てはまる言葉を書きなさい。

☑(1) 阿蘇山には〔 〕と呼ばれる，噴火によって頂上部が落ち込んでできた大きなくぼ地がある。

☑(2) 〔 筑紫平野 宮崎平野 〕は九州地方を代表する稲作地帯である。

☑(3) 宮崎平野では，ほかの産地よりも出荷時期を早める〔 〕による，きゅうりやピーマンなどの野菜の栽培がさかんである。

☑(4) 北九州市では，埋め立て地に廃棄物をリサイクルするための工場を集めた，〔 〕事業が進められている。

☑(5) 沖縄県では，〔 〕王国時代の独特の文化や亜熱帯の気候の自然が人気を集め，多くの観光客が訪れている。

得点アップアドバイス

1 ⋯⋯⋯⋯⋯⋯⋯⋯⋯

ヒント **九州地方の稲作地帯**
(2) 福岡県と佐賀県の筑後川の流域に広がる平野。

 確認 北九州市
(4) 北九州市は持続可能な開発を行っているとして，「SDGs未来都市」に選ばれている。

2 【九州地方の自然環境と暮らし】【九州地方の農業】
右の地図を見て，次の問いに答えなさい。

☑(1) 世界最大級のカルデラをもつ阿蘇山の位置を，地図中の**ア〜エ**から1つ選び，記号で答えなさい。
〔　　　〕

☑(2) 地図中の**A**の地域で栽培がさかんな農作物を，次の**ア〜エ**から1つ選び，記号で答えなさい。
ア てんさい　　**イ** さつまいも
ウ 米　　　　　**エ** いちご
〔　　　〕

☑(3) 地図中の**B**の平野では，促成栽培によるきゅうりやピーマンの栽培がさかんである。この平野を何というか。
〔　　　　　　〕

☑(4) 地図中の**C**の県で栽培がさかんな農作物を，次の**ア〜エ**から1つ選び，記号で答えなさい。
ア いちご　　**イ** りんご
ウ ぶどう　　**エ** パイナップル
〔　　　〕

3 【九州地方の工業の変化と環境保全】【南西諸島の自然と生活や産業】
右の地図を見て，次の問いに答えなさい。

☑(1) 北九州工業地域（地帯）の中心都市を，地図中の**ア〜エ**から1つ選び，記号で答えなさい。
〔　　　〕

☑(2) 北九州工業地域（地帯）は，何の工業を中心に発展したか。次の**ア〜エ**から1つ選び，記号で答えなさい。
ア 造船業　　**イ** 石油化学工業
ウ 鉄鋼業　　**エ** せんい工業
〔　　　〕

☑(3) 地図中の**X**の都市では，工場廃水を原因とする四大公害病の1つが発生した。この公害病を何というか。
〔　　　　　　〕

☑(4) 地図中の**Y**の県で，日本最大の収穫量を誇る農作物を，次の**ア〜エ**から1つ選び，記号で答えなさい。
ア じゃがいも　　**イ** とうもろこし
ウ さとうきび　　**エ** うめ
〔　　　〕

☑(5) 地図中の**Y**の県で，観光資源の1つとなっている，あたたかくて浅い海に発達している石灰質の岩の集まりを何というか。
〔　　　　　　〕

1 【九州地方の自然環境と暮らし】
右の地図や写真を見て，次の問いに答えなさい。

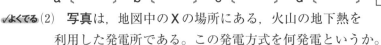

(1) 九州地方には，火山が多くある。地図中のa～dの
▲は主な火山を示している。それぞれに当てはまる火
山の名を，次のア～エから1つずつ選び，記号で答え
なさい。
　ア　桜島（さくらじま）　イ　雲仙岳（うんぜんだけ）　ウ　霧島山（きりしま）　エ　阿蘇山（あそ）
　a〔　　　〕　b〔　　　〕　c〔　　　〕　d〔　　　〕

✓よくでる(2)　写真は，地図中のXの場所にある，火山の地下熱を
利用した発電所である。この発電方式を何発電というか。
　　　　　　　　　　　　　　　　　　〔　　　　　　　　〕

写真

✓よくでる(3)　地図中のYの説明として正しいものを，次のア～エから1つ
選び，記号で答えなさい。
　ア　暖流の対馬海流（だんりゅう つしま）　　イ　暖流の黒潮（日本海流）（くろしお）
　ウ　寒流の対馬海流　　エ　寒流の黒潮（日本海流）〔　　　〕

（ピクスタ）

2 【九州地方の農業】【南西諸島の自然と生活や産業】
右の地図や写真を見て，次の問いに答えなさい。

ミス注意(1)　次の①～③の文は，地図中のA～Cの県の農業につ
いて述べたものである。それぞれの文に当てはまる県
を，A～Cから1つずつ選び，記号で答えなさい。
　①　火山灰などが積もってできた台地が広がっており，
　　古くから乾燥（かんそう）に強いさつまいもが栽培（さいばい）されている。
　②　南部の平野では稲作（いなさく）がさかんで，いちごやトマト
　　の栽培など，園芸農業も行われている。
　③　山の斜面（しゃめん）や丘陵地（きゅうりょうち）でみかんの栽培がさかん。平地が少な
　　いので稲作はさかんではない。
　　　　　　　①〔　　　〕②〔　　　〕③〔　　　〕

(2)　写真は，Dの県にある伝統的な住居である。この住居は台
風に備えたつくりをしているが，それはどのような点か，簡
潔に書きなさい。
〔　　　　　　　　　　　　　　　　　　　　　　　　　　　〕

写真

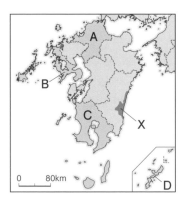

（J・Sフォト）

思考(3)　地図中のXの平野では，きゅうりやピーマンなどの野菜の促成栽培（そくせい）がさかんである。
促成栽培の利点を，促成栽培の出荷の特色にふれて簡潔に書きなさい。
〔　　　　　　　　　　　　　　　　　　　　　　　　　　　　　　　　　　　　　　　〕

3 【九州地方の工業の変化と環境保全】
　右の地図を見て，次の問いに答えなさい。

地図

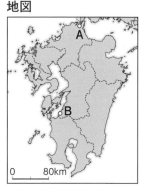

✓よくでる (1) 地図中の**A**の都市について，次の問いに答えなさい。
　　① この都市で 1901 年に操業が始まった日本初の官営製鉄所（じょ）を何というか。　　　　　　　〔　　　　　　　〕
　　② ①の製鉄所は，何という工業地帯が発展するきっかけとなったか。　　　　　　　　〔　　　　　　　〕
　　③ この都市では，工業が発達するにつれて環境問題（かんきょう）が発生した。どのような環境問題が発生したか。1 つ答えなさい。
　　　　　　　　　　　　　〔　　　　　　　〕

(2) 地図中の**B**の都市では，ある工場が流した排水に含まれるメチル水銀が原因で，手足がしびれる四大公害病の 1 つが発生した。この工場に当てはまるものを，次の**ア**〜**エ**から 1 つ選び，記号で答えなさい。
　　ア 製鉄所　　**イ** 化学工場　　**ウ** 自動車組み立て工場　　**エ** せんい工場
　　　　　　　　　　　　　　　　　　　　　　　〔　　　　〕

(3) 地図中の**A**・**B**の都市で進められている，環境に対する取り組みについて，次の問いに答えなさい。
　　① **A**・**B**の都市では，公害の発生を教訓として，その改善に取り組み，廃棄物（はいきぶつ）をリサイクルするための工場を集めた地区をつくった。この地区を何というか。
　　　　　　　　　　　　　〔　　　　　　　〕
　　② **A**・**B**の都市は環境保全に取り組んでいることから，「SDGs 未来都市（エスディージーズ）」に選定された。「SDGs 未来都市」は，経済・社会・環境の三つの面で新しい価値観を創り出し，　　　　　を実現するための取り組みを行う自治体が選ばれる。　　　　　に当てはまる語句を答えなさい。　　　　　〔　　　　　　　〕

入試レベル問題に挑戦 ....

4 【九州地方の工業の変化と環境保全】
　次のメモは，ゆいさんが，SDGs 未来都市に選定された北九州市について調べたものである。（　**Z**　）に当てはまる法律名を，漢字 5 字で答えなさい。

〈北九州市のいま＝公害を克服（こくふく）した地方自治体〉
　北九州市では，1960 年代，環境の悪化が問題となりました。そのため，環境改善を求める住民運動がさかんになり，市民，企業（きぎょう），行政が一体となった環境問題への取り組みが進められました。

北九州市の取り組み		国の取り組み	
1970 年	北九州市公害防止条例制定	1967 年	公害対策基本法制定
		1993 年	（　**Z**　）制定

　　　　　　　　　　　　　　　　〔　　　　　　　〕

💡 **ヒント**
　地球環境問題に対して，国際協調による地球環境保全を積極的に進めることなどを基本理念としている法律である。

6

中国・四国地方

🔗 リンク
ニューコース参考書
中学地理

p.228～235

攻略のコツ 地域ごとの気候の違いと，工業・農業の特色，交通網と過疎化についてつかもう。

テストに出る！ **重要ポイント**

◉ **中国・四国地方の自然環境と暮らし**

❶ 地域区分…**山陰・瀬戸内・南四国**の３区分。

❷ 自然環境…山陰は**季節風**の影響で冬は雨や雪が多い，**日本海側の気候**。瀬戸内は年間を通じて降水量が少ない瀬戸内の気候。南四国は黒潮（日本海流）の影響で温暖な，**太平洋側の気候**。

◉ **中国・四国地方の交通網の整備**

❶ 広島市…政令指定都市で地方中枢都市として発展。

❷ 交通網…中国自動車道や山陽自動車道，山陽新幹線。**本州四国連絡橋**が三つのルートで本州と四国を結ぶ。大都市に人が吸い寄せられる**ストロー現象**がみられる。

◉ **中国・四国地方の産業**

❶ 工業…鉄鋼業や石油化学工業を中心に瀬戸内工業地域。**石油化学コンビナート**が倉敷市水島地区や周南市に立地。

❷ 農業…高知平野で野菜の**促成栽培**，高速交通網の整備で，遠い市場へも出荷。愛媛県でみかんの栽培。

❸ 漁業…広島湾でかき，宇和海でぶりやまだいの**養殖業**。

◉ **過疎化と地域の活性化**

❶ 過疎化…中国・四国地方の山間部や離島で進行。**高齢化**や産業の衰退，廃村などが課題。

❷ 地域の活性化…町おこしや村おこしなどの**地域おこし**。交通網や通信網を整備し，観光客の呼び込みや企業の誘致。

Step 1　基礎力チェック問題

解答 別冊p.18

1 次の〔　　〕に当てはまるものを選ぶか，当てはまる言葉を書きなさい。

☑ (1) 中国・四国地方は，北から山陰，〔　　　　　　〕，南四国の三つの地域に分けられる。

☑ (2) 中国地方には〔　　　　　　〕新幹線や中国自動車道，山陽自動車道が通り，九州地方と近畿地方を結んでいる。

☑ (3) 〔　高知平野　讃岐平野　〕では，ビニールハウスを使った野菜の促成栽培がさかんである。

☑ (4) 中国・四国地方の山間部や離島では〔　過密　過疎　〕化が進んでいる。

📈 **得点アップアドバイス**

1

テストで
注意 **中国地方の地域区分**

(2) 中国地方の２つの地域は，中国山地の北側と南側で混同しやすいので注意！

2 【中国・四国地方の自然環境と暮らし】【中国・四国地方の交通網の整備】
右の地図を見て，次の問いに答えなさい。

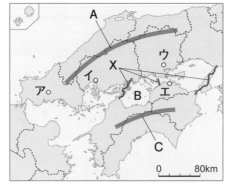

☑(1) 地図中の**A**・**C**の山地と**B**の海を何というか。

A〔　　　　　　　〕
B〔　　　　　　　〕
C〔　　　　　　　〕

☑(2) 中国・四国地方を3つに分けた場合，地図中の**A**の北側の地域を何というか。漢字2字で答えなさい。　〔　　　　　　　〕

☑(3) 右の写真は，水を確保しておくためのため池である。この光景がみられる四国北東部の場所を次の**ア**～**エ**から1つ選び，記号で答えなさい。

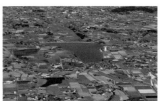

（フォト・オリジナル）

ア　岡山平野　　イ　広島平野
ウ　讃岐平野　　エ　高知平野　　　　　　　　　〔　　　　〕

☑(4) 地図中の本州と四国を結ぶ**X**で示した3つのルートにかかる橋をまとめて何というか。　〔　　　　　　　〕

☑(5) 第二次世界大戦末期に原子爆弾の被害を受け，現在は中国・四国地方の地方中枢都市として発展している都市を，地図中の**ア**～**エ**から1つ選び，記号で答えなさい。　〔　　　　〕

3 【中国・四国地方の産業】【過疎化と地域の活性化】
右の地図を見て，次の問いに答えなさい。

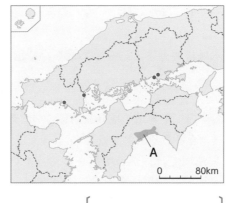

☑(1) 地図中の**A**の平野で行われている，農作物の出荷時期を早める栽培方法を何というか。

〔　　　　　　　〕

☑(2) 地図中の●は，石油関連の工場が結びついて一貫して生産を行う工場群の分布である。これを何というか。　〔　　　　　　　〕

☑(3) 中国・四国地方では，山間部や離島において，過疎化の進行をおさえるために，文化財をいかして観光客を集めたり，通信網を整備してICT関連企業を誘致したりする取り組みが行われている。このような取り組みを何というか。

〔　　　　　　　〕

得点アップアドバイス

2 ....

🔍確認 **ため池**

(3) この地域では，年間を通じて降水量が少なく，水不足になやむことが多かった。

✓確認 **本州と四国を結ぶルート**

(4) 児島・坂出ルート，神戸・鳴門ルート，尾道・今治ルートの3つがある。

3 ....

ヒント 💡 **出荷時期を早める栽培方法**

(1) 宮崎平野でもさかんな栽培方法。

通信環境が整っていると，ICT関連企業の誘致が可能なんだって。

1 【中国・四国地方の自然環境と暮らし】【中国・四国地方の産業】
　　右の地図を見て，次の問いに答えなさい。

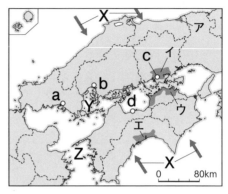

(1)　地図中のⅩの矢印について，次の問いに答えなさい。
　　① 　Ⅹは夏と冬とで吹く方向が異なる風である。この風を何というか。
　　　　　　　　　　　　〔　　　　　　　　　〕
　　② 　Ⅹの風の影響を受ける日本海側の冬の気候の特色を，降水量の面から答えなさい。

〔　　　　　　　　　　　　　　　　　　　　　　　　　　　　　　　　　　　　　〕

ミス注意 (2)　中国・四国地方で行われている農業について述べた次のＡ～Ｃの文に当てはまる地域を，地図中のア～エから1つずつ選び，記号で答えなさい。
　　Ａ 　温暖な気候をいかして，ビニールハウスなどでの野菜の促成栽培が行われている。
　　Ｂ 　水不足になることが多かったので，古くからため池の水を農業に利用してきた。
　　Ｃ 　砂丘が広がり農業に向いていなかったが，防砂林やかんがい設備を整備することによって，農作物がつくれるようになった。

　　　　　　　　　　　　　　　　　　　Ａ〔　　　〕Ｂ〔　　　〕Ｃ〔　　　〕

(3)　地図中のＹとＺの水域について，次の問いに答えなさい。
　　① 　これらの水域では，水産物の養殖がさかんである。それぞれの水域で養殖がさかんな水産物を，次のア～エから1つずつ選び，記号で答えなさい。
　　　　ア　こんぶ　　イ　ほたて貝　　ウ　かき　　エ　まだい

　　　　　　　　　　　　　　　　　　　　　Ｙ〔　　　〕Ｚ〔　　　〕

思考 ②　これらの水域に共通する，養殖に適した特色を，地形と関連づけて簡潔に書きなさい。
　　　〔　　　　　　　　　　　　　　　　　　　　　　　　　　　　　　　　　　　　〕

ハイレベル (4)　次の文は，瀬戸内工業地域の成り立ちについて述べたものである。 Ⅹ と Ｙ に当てはまる語句をそれぞれ答えなさい。
　　◇ 　瀬戸内工業地域では，かつて塩をつくっていた Ⅹ の跡地や，遠浅の海岸の Ｙ によって，工業用地を確保した。

　　　　　　　　　　　　　　　　　Ⅹ〔　　　　　　　〕Ｙ〔　　　　　　　〕

よくでる (5)　次の文が説明している都市を，地図中のa～dから1つ選び，記号で答えなさい。
　　◇ 　水島地区の石油化学コンビナートのほかに，製鉄所もあり，石油化学工業と鉄鋼業がさかんで，製造品出荷額は中国・四国地方で最大の都市である。

　　　　　　　　　　　　　　　　　　　　　　　　　　　〔　　　〕

2 【中国・四国地方の交通網の整備】【過疎化と地域の活性化】
右の地図と資料を見て，次の問いに答えなさい。

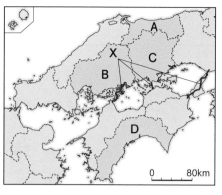

よくでる(1)　地図中の**X**は本州四国連絡橋の３つのルートである。中国・四国地方では，交通網の整備が進んだことで，都市部に人々が吸い寄せられる現象が進んだ。このような現象を何というか。　〔　　　　　　〕

思考(2)　本州四国連絡橋の開通によって，生活が不便になった人もいる。その理由を，「フェリー」の語句を使って簡潔に説明しなさい。
〔　　　　　　　　　　　　　　　　　　〕

(3)　右の資料は，地図中の**A〜D**の各県の統計をまとめたものである。地図中の**B**の県に当てはまるものを表中の**ア〜エ**から１つ選び，記号で答えなさい。　〔　　　〕

	面積 (km²) (2019年)	人口 (万人) (2019年)	農業産出 額(億円) (2018年)	工業出荷 額(億円) (2018年)
ア	8,480	280	1,187	101,053
イ	3,507	56	743	8,113
ウ	7,114	189	1,401	83,907
エ	7,104	70	1,170	6,047

（2021年版「データでみる県勢」）

(4)　次の①〜④の文のうち，過疎地域について述べたものには**A**，そうでないものには**B**を書きなさい。

①　住宅不足や交通渋滞が問題になっている。　　〔　　　〕
②　交通機関の廃止，学校や病院の閉鎖などが問題となっている。　〔　　　〕
③　若者の流出が進み，高齢化が深刻である。　〔　　　〕
④　地域おこしを行い，産業をもりたて，観光客を誘致している。　〔　　　〕

入試レベル問題に挑戦

3 【過疎化と地域の活性化】
右の資料は，中国・四国地方の各県の65歳以上の割合を示している。また，次のア〜エの人口ピラミッドは，広島県，岡山県，香川県，高知県のいずれかを示したものである。資料を参考にして，高知県に当たるものをア〜エから１つ選び，記号で答えなさい。

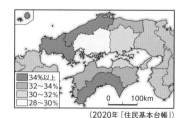

（2020年「住民基本台帳」）

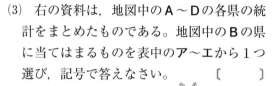

（2020年 住民基本台帳）

〔　　　〕

ヒント
　資料から，広島県，岡山県，香川県，高知県の65歳以上の割合を確認して，人口ピラミッドの形を比べる。

近畿地方

リンク
ニューコース参考書
中学地理
p.237〜245

攻略のコツ 各都市や工業地帯の特徴と林業の課題，文化財の保護についてつかもう。

テストに出る！ **重要ポイント**

◉ **近畿地方の自然環境**

❶ 地形…**リアス海岸**（若狭湾，志摩半島）。**琵琶湖**（日本最大），南部に**紀伊山地**。気候は北部・中央部・南部で異なる。

❷ **大阪（京阪神）大都市圏**…大阪市，京都市，神戸市を中心に形成。
大阪は江戸時代に「天下の台所」と呼ばれた。

◉ **大都市圏の形成と阪神工業地帯**

❶ **交通網**…都市の中心部と郊外が，JRと私鉄でつながる。

❷ **阪神工業地帯**…大阪湾の臨海部を中心に重化学工業が発達。**再開発**で臨海部はテーマパーク，物流施設などに転換。
東大阪市などは，**中小企業**の町工場が多い。

◉ **都市の開発と古都の景観保全**

❶ **ニュータウン**…1960年代以降，過密解消のため郊外に建設された住宅団地。建物の老朽化，住民の高齢化が進む。

❷ **古都の特色**…京都や奈良の文化財や**世界文化遺産**は観光資源。都市開発の中，**歴史的な町並みの保存**（景観保全）。

◉ **農山村の課題と環境保全**

❶ **林業・漁業の課題**…山間部や離島での**過疎化**が進む。
林業がさかんであった**紀伊山地**は高齢化から働き手が減少。
環境林の保全，水産資源の保護などの取り組みで活性化。

❷ **琵琶湖**…大阪大都市圏の飲料水や工業用水としての役割。
深刻な水質汚濁に対し，水質改善の取り組みが続く。

Step 1　基礎力チェック問題

解答 別冊p.19

1 次の〔　　〕に当てはまるものを選ぶか，当てはまる言葉を書きなさい。

☑ (1)　〔　大阪　　神戸　〕は江戸時代に商業が発展し，「天下の台所」と呼ばれた。

☑ (2)　大阪府と兵庫県の臨海部を中心に形成されている〔　　　　　　　〕では，臨海部の再開発が進んだ。

☑ (3)　奈良市や京都市には，ユネスコによって〔　　　　　　　〕に登録され，保護されている文化財もある。

☑ (4)　滋賀県には日本最大の湖の〔　　　　　　　〕がある。

 得点アップアドバイス

1 ....

確認 「天下の台所」

(1)　大阪には，江戸時代に，諸藩によって多くの蔵屋敷がつくられた。

2 【近畿地方の自然環境】【大都市圏の形成と阪神工業地帯】
右の地図を見て，次の問いに答えなさい。

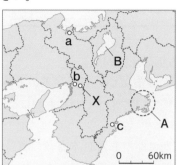

☑(1) 地図中の **A** の半島について，次
の各問いに答えなさい。
① **A** の半島を何というか。
〔　　　　　　　　〕
② **A** の半島の海岸線は，複雑に
入り組んでいる。この海岸地形
を何というか。〔　　　　　　　〕
☑(2) 地図中の **B** の湖を何というか。
〔　　　　　　　　〕

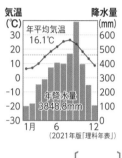

☑(3) 地図中の **X** は東大阪市である。東大阪市の
工場の特徴として，大企業と中小企業，多い
のはどちらか。　　〔　　　　　　　〕
☑(4) 右の雨温図は，地図中の **a〜c** のいずれか
の都市のものである。当てはまる都市を地図
中の **a〜c** から１つ選び，記号で答えなさい。
〔　　　　〕

2 ....

ヒント　近畿の水がめ
(2) 日本最大の湖で，滋
賀県の面積の約６分の１
を占める。

確認　東大阪市
(3) 優れた技術を持つ町
工場が多い。世界的な
シェアを誇る製品をつく
る工場もある。

3章／日本の諸地域

7
近畿地方

3 【都市の開発と古都の景観保全】【農山村の課題と環境保全】
右の地図を見て，次の問いに答えなさい。

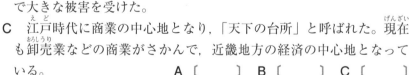

☑(1) 次の **A〜C** の文が述べている都市
はどこか。地図中の **ア〜ウ** から１つ
ずつ選び，記号で答えなさい。
A かつて平安京が栄えた。貴重な
文化財が残り，世界文化遺産に登
録されているものもある。
B 古くから発展した貿易港があ
る。1995 年の阪神・淡路大震災
で大きな被害を受けた。
C 江戸時代に商業の中心地となり，「天下の台所」と呼ばれた。現在
も卸売業などの商業がさかんで，近畿地方の経済の中心地となって
いる。　　　　　　　　　　 **A**〔　　　〕 **B**〔　　　〕 **C**〔　　　〕
☑(2) 地図中の **X** の山地に広がる森林の木材を，次の **ア〜エ** から２つ選び，
記号で答えなさい。
ア 吉野すぎ　　　　**イ** 天竜すぎ
ウ 木曽ひのき　　　**エ** 尾鷲ひのき　　　　　　〔　　　〕〔　　　〕
☑(3) 近畿地方には，多くの伝統的工芸品がある。次の **ア〜エ** のうち，近
畿地方の伝統的工芸品ではないものを１つ選び，記号で答えなさい。
ア 清水焼　　**イ** 美濃焼　　**ウ** 信楽焼　　**エ** 丹波立杭焼
〔　　　〕

3 ....

地図が示している
都市は大阪と京都
と神戸だよ。

ヒント　木材の産地
(2) 木曽は木曽山脈のあ
る地域，天竜は天竜川の
流れる地域。

ミス注意
1 【都市の開発と古都の景観保全】
次の文のうち，大阪市について述べているものには①，神戸市(こうべ)について述べているものには②，京都市について述べているものには③を書きなさい。

(1) 江戸(えど)時代末期に開港した日本有数の貿易港がある。山を削りニュータウンを建設し，その土で海を埋め立て人工島がつくられている。　〔　　〕

(2) 碁盤(ごばん)の目状の街路網(がいろもう)に特色がある。貴重な文化財が多く，現在は人口140万人を超える大都市として栄えている。　〔　　〕

(3) 古くから商業が発達し，現在でも近畿地方の経済の中心地として栄えている。沖合いに24時間運営されている海上空港がある。　〔　　〕

2 【大都市圏の形成と阪神工業地帯】【都市の開発と古都の景観保全】
右のグラフや写真を見て，次の問いに答えなさい。

		化学 11.3	電気機械 6.4
輸送用機械 22.6%	電子部品 18.7		その他 41.0

(2018年)　　(2021年版「データでみる県勢」)

(1) 右のグラフは，近畿地方のある府県の工業出荷額の内訳である。グラフに当てはまる府県を次の**ア～エ**から1つ選び，記号で答えなさい。
　ア 三重県　**イ** 兵庫県　**ウ** 大阪府　**エ** 京都府　〔　　〕

(2) 阪神(はんしん)工業地帯の工業の特色について，述べた文として誤っているものを，次の**ア～エ**から1つ選び，記号で答えなさい。
　ア 工業用水は地盤沈下(じばんちんか)を防ぐため，下水を再処理したリサイクル水を利用している。
　イ 高い技術力をもつ中小企業の町工場があり，各工場の協力(きょう)のもと人工衛星(じんこうえいせい)がつくられた。
　ウ 第二次世界大戦後に重化学工業が発達したが，その後，伸(の)び悩(なや)んでいる。
　エ 世界有数の自動車会社の本社があり，自動車工業を中心に発展し，日本最大の工業地帯となっている。　〔　　〕

(3) 京都市について，次の問いに答えなさい。
　① 右の写真は，京都市で毎年7月に行われる，無形文化遺産に登録されている祭りである。この祭りの名前を，次の**ア～エ**から1つ選び，記号で答えなさい。
　　ア 岸和田(きしわだ)だんじり祭　**イ** ねぶた祭
　　ウ 博多(はかた)どんたく　**エ** 祇園祭(ぎおんまつり)
　　〔　　〕

　思考 ② 京都市では，伝統的な町並みを保存する動きがみられる。具体的な動きを1つ書きなさい。
　　〔　　　　　　　　　　　　　　　　　　　　　　　　　　　　〕

3 【近畿地方の自然環境】【農山村の課題と環境保全】
右の地図を見て，次の問いに答えなさい。

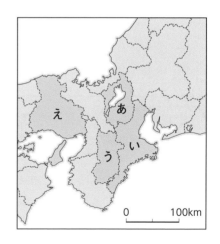

0   60km

(1) 右の地図中の**A**の湖について，次の問いに答えなさい。

① **A**の湖が位置している県を何というか。

〔   〕

✓よくでる ② 次の**ア〜エ**の文のうち，**A**の湖について述べた文として誤っているものを1つ選び，記号で答えなさい。

ア 湖水の汚れを改善するため，リンを含む合成洗剤の販売・使用を禁止している。

イ 湖水の富栄養化が進み，アオコや赤潮が発生する問題が起こっている。

ウ 水質を改善するはたらきがあるといわれるヨシ群落の復元が進められている。

エ 古くから干拓を行い，現在でも積極的に農地開発を進めている。 〔   〕

(2) 地図中の**B**は，ある魚介類の養殖発祥の地である。ある魚介類とは何か。次の**ア〜エ**から1つ選び，記号を答えなさい。

ア うなぎ **イ** 真珠 **ウ** まぐろ **エ** わかめ 〔   〕

思考 (3) 地図中の**C**の山地では林業が行われているが，近年，日本全体の林業は衰退している。「外国」の語句を使って，その理由を1つ書きなさい。

〔   〕

入試レベル問題に挑戦

4 【近畿地方の自然環境】【農山村の課題と環境保全】
次の表は，右の地図中の**あ〜え**の4県の人口などを表しており，表中の**a〜d**は，それぞれ**あ〜え**のいずれかに当たる。**a**に当たる県を**あ〜え**から1つ選び，記号と県名を答えなさい。

項目／県	人口（千人）（2019年）	湖沼, 河川の面積（km²）（1987年度）	畜産産出額（億円）（2018年）	海面漁業漁獲量（百t）（2018年）	化学工業製品出荷額（億円）（2018年）
a	1,781	181	434	1,319	12,734
b	1,414	766	112	−	10,499
c	1,330	75	62	−	1,164
d	5,466	191	604	401	22,313

(2021年版「データでみる県勢」)

0   100km

記号〔   〕 県名〔   〕

💡 **ヒント**

あ滋賀県，い三重県，う奈良県，え兵庫県。内陸にある，あ，うの県の海面漁業生産量はない。

テストに出る！ **重要ポイント**

◉ **中部地方の自然環境**
- ❶ 地域区分…**北陸**，**中央高地**，**東海**に区分される。
- ❷ 特色…山地は中央部に**日本アルプス**，**富士山**など火山も点在。平野や盆地は越後平野，甲府盆地，濃尾平野などがある。
- ❸ 気候…北陸は**日本海側の気候**，中央高地は中央高地（内陸性，内陸）の気候，東海は太平洋側の気候。

◉ **東海の都市と産業**
- ❶ **名古屋大都市圏**…名古屋市と周辺の都市で形成。
- ❷ 工業…**中京工業地帯**（名古屋市や豊田市が中心），**東海工業地域**（静岡県浜松市，富士市など）。
- ❸ 農業…茶（**牧ノ原**），みかん，**施設園芸農業**（渥美半島）。

◉ **中央高地の産業の移り変わり**
- ❶ 農業…**甲府盆地**（養蚕用の桑からぶどうやももの栽培へ）。八ケ岳や浅間山のふもとで**高原野菜**（レタスなどの栽培）。
- ❷ 工業…製糸業から**精密機械工業**・電気機械工業に変化。
- ❸ 観光業…**合掌造り**集落や旧街道，スキー場や温泉。

◉ **特色ある北陸の産業**
- ❶ 水田単作地帯…**越後平野**は日本有数の米の産地。米を原料とする米菓や切餅，日本酒などの関連産業が発達。
- ❷ 雪解け水の利用…水力発電所，アルミニウム工業が発達。
- ❸ **伝統産業**…冬の農家の副業から発展→福井県鯖江市の眼鏡枠（フレーム）などの地場産業。

Step 1　基礎力チェック問題

解答 ▶ 別冊 p.20

1 次の〔　　〕に当てはまるものを選ぶか，当てはまる言葉を書きなさい。

☑ (1) 木曽川，長良川，揖斐川の下流域には〔　濃尾平野　　越後平野　〕が広がる。

☑ (2) 静岡県の牧ノ原は，日本を代表する〔　　　　　　　〕の産地である。

☑ (3) 中京工業地帯は，愛知県〔　名古屋市　　豊田市　〕の自動車工業を中心に発展し，工業出荷額は日本一である。

☑ (4) 甲府盆地では，〔　ぶどう　　みかん　〕やももの栽培がさかんである。

☑ (5) 越後平野は，〔　米　　小麦　〕の単作地帯である。

 得点アップアドバイス

1 ....

🔲 確認　**中京工業地帯**

(3) 中京工業地帯ではほかに，三重県四日市市で石油化学工業が発達。

2　【中部地方の自然環境】【東海の都市と産業】
　右の地図を見て，次の問いに答えなさい。

☑(1)　地図中の**A**の山脈は，日本アルプスを形成する山脈の１つである。この山脈を何というか。　〔　　　　　　　〕

☑(2)　地図中の**B**の平野を何というか。　〔　　　　　　　〕

☑(3)　右の写真は，地図中の**B**の平野でみられる，洪水（こうずい）に備（そな）えて周りを堤防（ていぼう）で囲んだ地域である。この地域を何というか。　〔　　　　　　　〕

☑(4)　地図中の**C**には，入（い）り江（え）と岬（みさき）が入り組んだ海岸地形がみられる。この海岸地形を何というか。　〔　　　　　　　〕

☑(5)　地図中の**D**の半島で行われている，温室やビニールハウスを利用してメロンや菊（きく）などの栽培をする農業を何というか。　〔　　　　　　　〕

☑(6)　地図中の**E**の都市は，中京工業地帯の中心となっている都市である。この都市で最も発達している工業を，次の**ア**〜**エ**から１つ選び，記号で答えなさい。
　ア　鉄鋼業　　**イ**　石油化学工業　　**ウ**　造船業　　**エ**　自動車工業
　　　　　　　　　　　　　　　　　　　　　　　　　〔　　　　　　〕

3　【中央高地の産業の移り変わり】【特色ある北陸の産業】
　右の地図を見て，次の問いに答えなさい。

☑(1)　地図中の**A**の盆地で栽培がさかんな農作物を，次の**ア**〜**エ**から１つ選び，記号で答えなさい。
　ア　みかん　　**イ**　もも
　ウ　りんご　　**エ**　日本なし
　　　　　　　　　　　　　　〔　　　〕

☑(2)　日本有数のレタスの産地を地図中の**ア**〜**エ**から１つ選び，記号で答えなさい。　〔　　　〕

☑(3)　地図中の**B**の都市で，地場産業として国内最大の生産量を誇（ほこ）るものを，次の**ア**〜**エ**から１つ選び，記号で答えなさい。
　ア　包丁（ほうちょう）　　**イ**　眼鏡枠（めがねわく）（フレーム）　　**ウ**　扇子（せんす）　　**エ**　かわら
　　　　　　　　　　　　　　　　　　　　　　　　〔　　　　　〕

2 ……………

確認　**日本アルプス**

(1)　飛驒（ひだ）山脈，木曽（きそ）山脈，赤石（あかいし）山脈からなる。

確認　**木曽三川（きそさんせん）**

(2)　**B**の平野には木曽川，長良川（ながらがわ），揖斐川（いびがわ）の木曽三川が流れる。

確認　**福井県の湾**

(4)　**C**は若狭（わかさ）湾沿岸である。

　Eは豊田（とよた）市だよ。同じ名前の企業（きぎょう）があるね。

3 ……………

ヒント　**甲府盆地の農作物**

(1)　**A**は甲府（こうふ）盆地で，扇状地（せんじょうち）が広がっており，水はけがよいことから，果物の栽培に適している。

確認　**福井県の地場産業**

(3)　日本の生産量の約90％をこの都市で生産している。

Step 2 実力完成問題

解答 別冊p.20

1 【中部地方の自然環境】【東海の都市と産業】【特色ある北陸の産業】

右の地図を見て，次の問いに答えなさい。

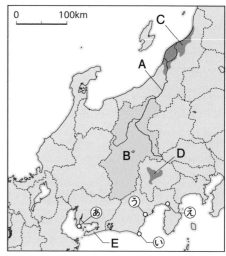

0
100km
C
A
B
D
あ
う
え
い
E

(1) 地図中のAの川は，日本一長い川である。この流域に広がる平野・盆地として当てはまらないものを次のア～エから1つ選び，記号で答えなさい。

ア 松本盆地　イ 越後平野
ウ 濃尾平野　エ 長野盆地　〔　　〕

思考 (2) 地図中のBの県では，レタスの抑制栽培が行われている。抑制栽培を行うことの利点を，グラフⅠを参考にして簡潔に書きなさい。

〔　　　　　　　　　　〕

(3) 地図中のCの平野は，日本有数の豪雪地帯である。次の文は，この平野で行われている稲作について述べている。[　　]に当てはまる語句を漢字4字で答えなさい。

◇ Cの平野は豪雪により冬の農作業ができないため，一年に一度稲作だけを行う[　　]地帯になっている。　〔　　　　〕

グラフⅠ　東京都中央卸売市場に入荷するレタスの量

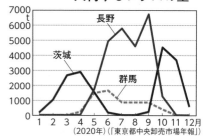

7000
t
6000
5000
4000
3000
2000
1000
0
長野
茨城
群馬
1 2 3 4 5 6 7 8 9 10 11 12月

(2020年)(「東京都中央卸売市場年報」)

(4) 地図中のDの盆地について，次の問いに答えなさい。

① Dの盆地には，川が山間部から運んできた土砂が積もってできた緩やかな傾斜地がみられる。このような地形を何というか。

〔　　　　〕

✓よくでる ② グラフⅡは，Dの盆地で栽培がさかんな果物の生産量の割合を表している。当てはまる果物を次のア～エから1つ選び，記号で答えなさい。

ア 日本なし　イ りんご
ウ もも　エ ぶどう

グラフⅡ

山梨 23.9%
長野 17.8
山形 9.2
岡山 8.8
その他 40.3

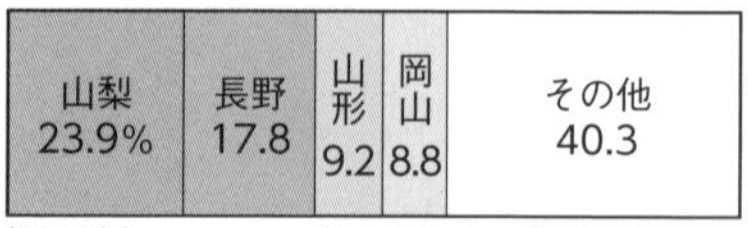

(2018年)　(2020/21年版「日本国勢図会」)

〔　　〕

(5) グラフⅢは，Eの半島で栽培がさかんな花きの生産量の割合を表している。この花きを，次のア～エから1つ選び，記号で答えなさい。

ア 菊　イ い草　ウ 茶　エ ゆり

〔　　〕

グラフⅢ

鹿児島 5.7
長崎 4.0
愛知 33.5%
沖縄 17.9
福岡 6.3
その他 32.6

(2019年)　(2021年版「データでみる県勢」)

(6) 東海には，国内有数の遠洋漁業の基地となっている漁港がある。この漁港の位置を地図中のあ～えから1つ選び，記号で答えなさい。　〔　　〕

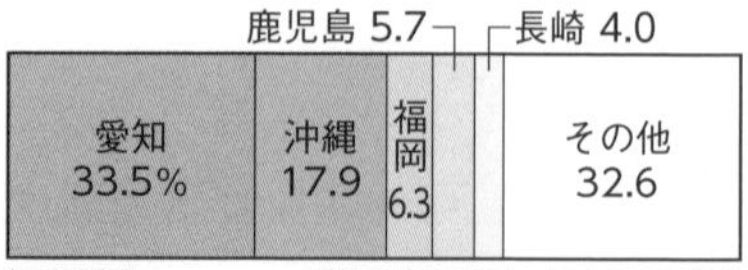

② **【東海の都市と産業】**
　右の地図を見て，次の問いに答えなさい。

ミス注意 (1)　次の①〜④の文は，地図中の**A〜D**のいず
れかの県の工業について述べたものである。
それぞれに当てはまる県を**A〜D**から１つず
つ選び，記号で答えなさい。

　①　第二次世界大戦後，カメラや時計などの
精密機械の工場が多く進出した。近年は電
子部品など，電気機械工業も発達している。

　②　自動車工業がさかんで，全工業をあわせ
た工業出荷額は全国一。鉄鋼業や窯業など
も発達している。

　③　沿岸部に工業地域が形成されている。オートバイや楽器の生産がさかんなほか，
製紙・パルプ工業も発達している。

　④　雪解け水を利用した水力発電所があり，その電力や豊富な水資源をいかしてアル
ミニウム工業が発達した。

①〔　　　〕②〔　　　〕③〔　　　〕④〔　　　〕

(2)　右の表は，地図中の**A〜D**の各県について
の主な統計をまとめたものである。表中の**c**
に当てはまる県を，地図中の**A〜D**から１つ
選び，記号で答えなさい。

〔　　　　〕

	面積 (km²) (2019年)	人口 (万人) (2019年)	農業生産 額(億円) (2018年)	工業出荷 額(億円) (2018年)
a	13,562	205	2,616	65,287
b	7,777	364	2,120	176,639
c	4,248	104	651	40,606
d	5,173	755	3,115	489,829

(2021年版「データでみる県勢」)

よくでる (3)　中部地方には，東海道新幹線が通っている。
地図中の**A〜D**の県のうち，東海道新幹線が
通る県をすべて選び，記号で答えなさい。

〔　　　　〕

入試レベル問題に挑戦

③ **【中央高地の産業の移り変わり】**
　**右の資料中のⅠ・Ⅱは，中部地方のある
工業の県別の事業所数を示している。そ
れぞれの工業の組み合わせとして正しい
ものを，次のア〜エから１つ選び，記
号で答えなさい。**

ア　Ⅰ：電子部品，Ⅱ：輸送用機械　　イ　Ⅰ：輸送用機械，Ⅱ：電子部品
ウ　Ⅰ：電子部品，Ⅱ：出版・印刷　　エ　Ⅰ：出版・印刷，Ⅱ：輸送用機械〔　　　〕

　🌱 **ヒント**
　　工業の種類によって，海上輸送のほうが有利なものを考えよう。また，各県でどのような産業
がさかんであるかを確認しておこう。

出題範囲：九州地方～中部地方

1 九州地方について，右の地図や資料を見て，次の問いに答えなさい。　【2点×11】

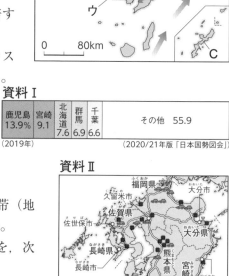

(1) 地図中の**A，B**を流れる暖流を，次の**ア～エ**から１つずつ選び，記号で答えなさい。
ア 黒潮（日本海流）　**イ** 親潮（千島海流）
ウ 対馬海流　　　　**エ** リマン海流

(2) 次の①～③の文が述べている地域を，地図中の**ア～ウ**から１つずつ選び，記号で答えなさい。
① 火山灰に覆われたシラス台地が広がり，野菜や茶などの栽培のほか，畜産がさかんである。
② 九州最大の稲作地帯で，冬に麦などを栽培する二毛作が行われている。
③ 冬でも温暖な気候をいかし，ビニールハウスを利用した，野菜の促成栽培がさかんである。

(3) **資料Ⅰ**はある家畜の飼育頭数の内訳を示している。当てはまる家畜を次の**ア～エ**から１つ選び，記号で答えなさい。
ア 豚　　　　**イ** 乳用牛
ウ 肉用牛　　**エ** 卵用にわとり

資料Ⅰ

鹿児島 13.9%	宮崎 9.1	北海道 7.6	群馬 6.9	千葉 6.6	その他 55.9

(2019年)　　　　（2020/21年版「日本国勢図会」）

資料Ⅱ

(4) 地図中の**a**の都市につくられ，北九州工業地帯（地域）の発展の基礎となった製鉄所を何というか。

(5) 地図中の**b**の都市を中心に発生した公害病を，次の**ア～エ**から１つ選び，記号で答えなさい。
ア 四日市ぜんそく　**イ** イタイイタイ病
ウ 水俣病　　　　　**エ** 新潟水俣病

(6) **a**や**b**の都市は，持続可能な開発目標の達成に向かって取り組んでいる都市として国から選定された。何という都市に選定されたか。

(7) **資料Ⅱ**は，九州地方の主な工場分布を示している。**あ**に当てはまる工場を，次の**ア～エ**から１つ選び，記号で答えなさい。
ア 石油化学　**イ** IC（集積回路）　**ウ** 製紙・パルプ　**エ** 食料品

(8) 地図中の**C**の都道府県は，江戸時代以前，日本から独立した国として，独自の文化が栄えた。この国を何というか。

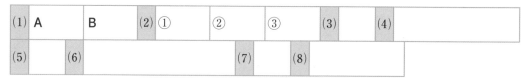

(1) A		B		(2) ①		②		③		(3)		(4)	
(5)		(6)				(7)		(8)					

2 中国・四国地方について，右の地図や資料を見て次の問いに答えなさい。　　[2点×13]

(1) 中国・四国地方の地域区分について述べた，次の文の①～③に当てはまる語句を答えなさい。

　◇　中国・四国地方は3つの地域に分けられ，中国山地の北側の日本海に面する地域を（　①　），中国山地の南側と四国山地の北側の瀬戸内海に面する地域を（　②　），四国山地の南側の太平洋に面する地域を（　③　）という。

(2) (1)の①～③の地域には，どんな気候の特色があるか。次のア～エから1つずつ選び，記号で答えなさい。

　ア　夏に季節風の影響で降水量が多く，近くを流れる暖流の影響で，年間を通じて温暖。
　イ　年間を通じて降水量が少なく，古くから水不足に悩まされてきた。
　ウ　冬は季節風の影響で降水量が多い。
　エ　冷帯（亜寒帯）の気候で，冬の寒さが厳しい。

(3) 中国・四国地方の地方中枢都市となっている都市を，地図中のa～dから1つ選びなさい。

(4) 次の文が述べている地域を，地図中のア～ウから1つ選び，記号で答えなさい。

　◇　ビニールハウスを利用して，なすやピーマンなどの野菜の促成栽培がさかんである。

(5) **資料Ⅰ**は，養殖かきの生産量の内訳である。Aに当てはまる県を，次のア～エから1つ選び，記号で答えなさい。

　ア　愛媛県　　イ　徳島県
　ウ　広島県　　エ　岡山県

(6) 地図中の▲で示した都市で共通してさかんな工業を，次のア～エから1つ選び，記号で答えなさい。

　ア　石油化学工業　　イ　自動車工業
　ウ　電気機械工業　　エ　製紙・パルプ工業

(7) ▲の都市などから形成された臨海部に連なる工業地域を何というか。

(8) **資料Ⅱ**は，広島市と徳島県上勝町の人口構成のグラフである。次の文の（　）に当てはまる語句を書きなさい。

　◇　資料Ⅱを見ると，上勝町は広島市に比べて，若い人が少なく，65歳以上の人が多くなっており，（　）化が進んでいる。

(9) 人口の減少が進む地域で行われている，地産地消の推進や特産品のブランド化など，地域を活性化する取り組みを何というか。

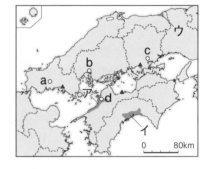

資料Ⅰ

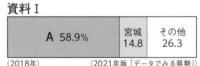

A 58.9%	宮城 14.8	その他 26.3

(2018年)　　　　　　（2021年版「データでみる県勢」）

資料Ⅱ
広島市と上勝町の人口構成（2020年）

（住民基本台帳人口要覧）

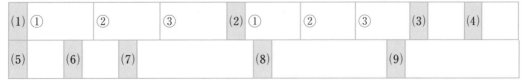

(1)	①	②	③	(2)	①	②	③	(3)	(4)
(5)		(6)		(7)			(8)		(9)

3 近畿地方について，右の地図や資料を見て次の問いに答えなさい。　【2点×12】

(1) 地図中の a の湖と b の川，c の山地の名称を，次のア～カから1つずつ選び，記号で答えなさい。

　　ア　琵琶湖　　イ　宍道湖　　ウ　淀川

　　エ　筑後川　　オ　出羽山地　　カ　紀伊山地

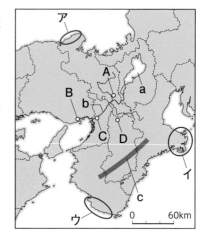

(2) 入り江と岬が入り組んだリアス海岸がみられる地域を，地図中のア～ウから1つ選び，記号で答えなさい。

(3) 地図中の a の湖について述べた次のア～エの文のうち，誤っているものを1つ選び，記号で答えなさい。

　　ア　富栄養化が進み，アオコや赤潮が発生したため，リンを含む合成洗剤の販売・使用を禁止した。

　　イ　下水道の整備，ヨシ群落の復元などを進める努力が行われている。

　　ウ　工場廃水が原因で，この湖から流れる川の下流域で四大公害病の1つが発生した。

　　エ　近畿地方の水がめとなっており，飲料水や工業用水を供給している。

(4) 次の①～④の文は，地図中の A～D の都市のいずれかについて述べたものである。それぞれに当てはまる都市を A～D から1つずつ選び，記号で答えなさい。

　　①　日本有数の貿易港があり，ポートアイランドや六甲アイランドなどの人工島がつくられている。1995年の阪神・淡路大震災で大きな被害を受けた。

　　②　かつては「天下の台所」と呼ばれ，現在でも卸売業がさかんだが，東京への一極集中から地位が低下している。近畿地方の経済や文化の中心地である。

　　③　8世紀に平城京という都が置かれた古都で，国宝や重要文化財に登録されている史跡が多い。

　　④　平安京という都が栄えた古都で，歴史的景観の保存と開発の調和が課題となっている。

(5) 地図中の B や C の都市を中心に形成されている工業地帯では，臨海部の工場跡地に新しくテーマパークや物流施設の建て直しが進められている。このことを何というか。

(6) 右の資料は大阪市とその周辺の昼夜間人口比率を示している。資料について述べた，次の文の①・②にあてはまる語句を書きなさい。

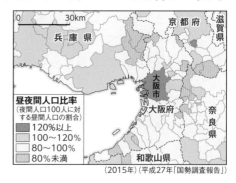

(2015年)(平成27年「国勢調査報告」)

　　◇　都市の中心部は地価が高いので，人々は千里や泉北などにつくられた郊外の（　①　）などに住み，通勤・通学のために中心部に移動する。そのため，中心部の（　②　）人口が多くなっている。

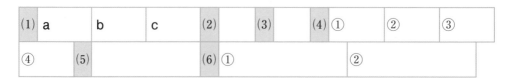

(1) a		b		c		(2)		(3)		(4) ①		②		③	

④		(5)				(6) ①				②			

4 中部地方について，右の地図や資料を見て次の問いに答えなさい。【(3)は1点×4，ほかは2点×12】

(1) 地図中の**a**の川と**b**の平野，**c**の山脈の名称を，次のア〜カから1つずつ選び，記号で答えなさい。

　ア　利根川（とね）　　イ　信濃川（しなの）　　ウ　濃尾平野（のうび）
　エ　越後平野（えちご）　　オ　飛驒山脈（ひだ）　　カ　木曽山脈（きそ）

(2) 地図中の**b**の平野には，周りを堤防（ていぼう）で囲んで，洪水（こうずい）に備えている地域がある。この地域を何というか。

(3) 次の①〜④の文が述べている地域を，地図中のア〜エから1つずつ選び，記号で答えなさい。

　① 抑制栽培（よくせいさいばい）を行って，夏に高原野菜を出荷している。
　② 扇状地（せんじょうち）が広がり，ぶどうやももの栽培がさかん。
　③ 水はけのよい台地が広がり，日本一の茶の産地である。
　④ 水田単作地帯となっており，コシヒカリなどの銘柄米（めいがら）がつくられている。

(4) 地図中の**d**の湖の周辺で第二次世界大戦中に工場が移転してきて，その技術をもとに戦後発達した工業を，次のア〜エから1つ選び，記号で答えなさい。

　ア　製糸業　　イ　精密機械工業　　ウ　食料品工業　　エ　石油化学工業

(5) 地図中の**e**の都市の地場（じば）産業として正しいものを，次のア〜エから1つ選び，記号で答えなさい。

　ア　洋食器　　　　　　　　イ　タオル
　ウ　眼鏡枠（めがねわく）（フレーム）　　エ　くつ下

(6) **資料Ⅰ**の①，②は中京工業地帯（ちゅうきょう）と東海工業（とうかい）地域の出荷額（しゅっかがく）の内訳である。このうち，中京工業地帯に当てはまるものを1つ選び，番号で答えなさい。

(7) 中京工業地帯の中心となっている，世界有数の自動車会社の本社がある都市はどこか。

(8) **資料Ⅱ**は，名古屋港（なごや）の輸出品目の内訳である。**A**に当てはまる輸出品を書きなさい。

(9) **資料Ⅲ**のa〜cの雨温図は，東海の①浜松市（はままつ）（静岡県），中央高地の②松本市（まつもと）（長野県），北陸（ほくりく）の③上越市（じょうえつ）（高田（たかだ））（新潟県）のいずれかを表している。それぞれの都市に当てはまる雨温図をa〜cから1つずつ選び，記号で答えなさい。

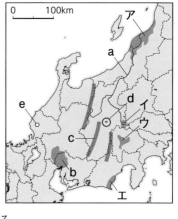

資料Ⅰ
	金属	機械	化学	食料品	せんい 0.7	その他
①	7.8%	機械 51.7	化学 11.0	食料品 13.7		その他 15.1
②	9.4%	69.4		6.2	4.7 0.8	9.5

(2017年)　(2020/21年版「日本国勢図会」)

資料Ⅱ
		内燃機関 4.3	
A 26.3%	自動車部品 16.7		その他 52.7

(2019年)　(2020/21年版「日本国勢図会」)

資料Ⅲ

a 年平均気温13.6℃　年降水量2755.3mm
b 年平均気温11.8℃　年降水量1031.0mm
c 年平均気温16.4℃　年降水量1809.1mm

気温（℃）／降水量（mm）／1月 6 12

(2021年版「理科年表」)

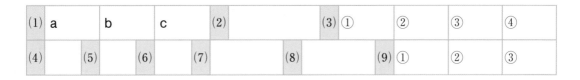

(1)	a	b	c	(2)		(3)	①	②	③	④
(4)		(5)		(6)		(7)		(8)		(9) ①	②	③

9 関東地方

◎ リンク
ニューコース参考書
中学地理
p.260〜269

攻略のコツ 関東地方の自然環境と，首都としての東京の役割，一極集中についてつかもう。

テストに出る！ **重要ポイント**

◎ 関東地方の自然環境

❶ 地形…**関東平野**（日本最大，**関東ローム**で覆われている）。西部に関東山地，北部に越後山脈や阿武隈高地。流域面積が日本最大の**利根川**や，荒川，多摩川。

❷ 気候…大部分が太平洋側の気候，東京の中心部で**ヒートアイランド現象**。小笠原諸島は一年中温暖な気候。

◎ 首都・東京

❶ **首都**…国の政治・経済の中心。世界の国々と結びついた世界都市。

❷ 一極集中…企業・文化施設などが東京に集中。

❸ 交通網…東京とその周辺は世界と日本を結ぶ拠点。**成田国際空港**は日本の「空の玄関口」で日本最大の貿易港。

◎ 東京大都市圏

❶ 東京大都市圏の拡大…東京都心から50〜70km圏内に日本の人口の約4分の1が集中。中心部は昼間人口が多い。

❷ 都市問題…**過密**問題，通勤・通学ラッシュ，ニュータウンの高齢化⇨都心の再開発や都市機能の分散。

◎ 関東地方の産業

❶ 農業…大消費地である東京大都市圏向けに農作物を栽培する**近郊農業**。野菜，果物，牛乳，鶏卵などの生産がさかん。群馬県の嬬恋村では**高原野菜**の栽培。

❷ 工業…東京湾岸に**京浜工業地帯**や**京葉工業地域**が広がる。高速道路網の整備から，内陸部に**北関東工業地域**が形成。

Step 1 基礎力チェック問題

解答▶ 別冊p.22

1 次の〔 〕に当てはまるものを選ぶか，当てはまる言葉を書きなさい。

☑ (1) 関東平野は，〔　　　　　　　〕と呼ばれる赤土で覆われている。

☑ (2) 〔　　　　　　　〕は，流域面積が日本一の川である。

☑ (3) 〔　成田国際空港　　東京国際空港　〕は，日本最大の貿易港である。

☑ (4) 東京の中心部の昼間人口は，夜間人口よりも〔　多い　　少ない　〕。

☑ (5) 茨城県，千葉県，群馬県などでは，東京大都市圏向けの野菜や花などを栽培する〔　　　　　　　〕がさかんである。

得点アップアドバイス

1

☑確認 **関東平野**
(1) 噴火による火山灰が積もった赤土が広がる，日本最大の平野。

☑確認 **大消費地向けに野菜の栽培**
(5) 新鮮な状態で運べ，輸送費が安い。

2 【関東地方の自然環境】
右の地図を見て，次の問いに答えなさい。

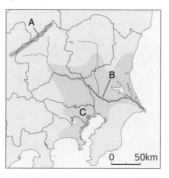

☑(1) 地図中の 　　 で示した平野を何というか。　　　　　〔　　　　　　〕

☑(2) 地図中のAの山脈，Bの河川を何というか。　　A〔　　　　　　〕山脈
　　　　　　　　　　　　　　B〔　　　　　　〕川

☑(3) 地図中のCのあたりでは，周辺部よりも気温が高くなる現象がみられる。この現象を何というか。
　　　　　　　　　　〔　　　　　　　　〕現象

3 【首都・東京】【東京大都市圏】
右の地図を見て，次の問いに答えなさい。

☑(1) 東京のように，国の政治の中心となる機関がある都市を何というか。
　　　　　　　　　　〔　　　　　　　〕

☑(2) 地図中のXは，日本で最も貿易額が多い港(空港)である。この港(空港)名を答えなさい。　　〔　　　　　　　〕

☑(3) 地図中に示した東京から50キロ圏に暮らすのは日本の人口の約何分の1か。次のア～エから1つ選び，記号で答えなさい。
　ア　10分の1　　イ　8分の1　　ウ　4分の1　　エ　2分の1
　　　　　　　　　　〔　　　　〕

4 【関東地方の産業】
右の地図を見て，次の問いに答えなさい。

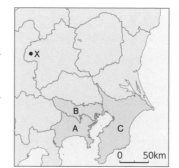

☑(1) 地図中のXでは，夏でも涼しい気候をいかした高原野菜の抑制栽培がさかんである。とくにこの地域で栽培がさかんな農作物を，次のア～エから1つ選び，記号で答えなさい。〔　　　　〕
　ア　キャベツ　　イ　なす
　ウ　きゅうり　　エ　ピーマン

☑(2) 地図中のAとBの都県を中心に形成されている工業地帯を何というか。　　　　　　　　　　　　　　　〔　　　　　　　　〕

☑(3) 地図中のCの県の東京湾岸に形成されている工業地域を何というか。
　　　　　　　　　　〔　　　　　　　　〕

1 【関東地方の自然環境】
右の地図を見て，次の問いに答えなさい。

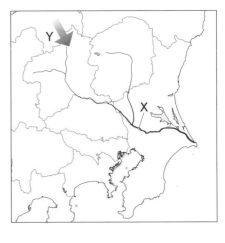

(1) 関東平野は，関東ロームと呼ばれる赤土で覆われている。この赤土は，何が降り積もってできたものか。　〔　　　　　　〕

(2) 地図中のXの川が流れる都道府県として誤っているものを，次のア～エから1つ選び，記号で答えなさい。
ア　神奈川県　　イ　埼玉県
ウ　茨城県　　　エ　群馬県　　〔　　　　〕

✔よくでる (3) 地図中のYの矢印は，関東地方の北部で冬に吹く「からっ風」と呼ばれる風である。
「からっ風」とはどのような風か，簡潔に書きなさい。
〔　　　　　　　　　　　　　　　　　　　　　　　　　　　　〕

2 【首都・東京】【東京大都市圏】
右の資料を見て，次の問いに答えなさい。

ハイレベル (1) 資料1は，それぞれある項目における全国に占める東京都の割合を示している。A～Cに当てはまる項目を，次のア～エから1つずつ選び，記号で答えなさい。
ア　人口　　　　イ　外資系企業
ウ　大学生数　　エ　面積
A〔　　　〕　B〔　　　〕　C〔　　　〕

資料1

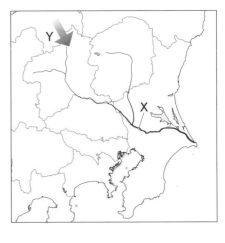

A　東京都0.6%
B　11.0%　東京都
C　東京都68.1%
（2019年）　（2019年）　（2018年）
（2020/21年版「日本国勢図会」ほか）

資料2　東京23区への通勤・通学者

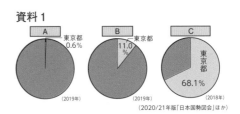

埼玉県83.9万人　茨城県6.4万人
東京23区外55.2万人
神奈川県91.3万人
千葉県69.6万人
0　25km
（2015年「国勢調査」）

(2) 資料2に関連して，次の問いに答えなさい。
① 東京23区への通勤・通学者が最も多い県を答えなさい。　〔　　　　　　〕
② 東京の住宅地不足解消のために郊外につくられた大規模な住宅団地を何というか。〔　　　　　　〕
③ 東京の新宿や池袋，渋谷などの鉄道の起点となる駅を何駅というか。　〔　　　　　　〕

思考 (3) 資料3は，関東地方にある港（空港）の輸出品目別割合を示している。当てはまる港（空港）を，右の地図中のあ～えから1つ選び，記号で答えなさい。〔　　　〕

資料3

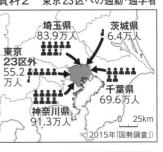

輸出額 10.5兆円
科学光学機器6.2
金（非貨幣用）5.7　集積回路3.6
その他72.5
半導体等製造装置8.1
電気回路用品3.9
（2019年）　（2020/21年版「日本国勢図会」）

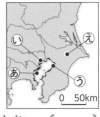

0　50km

3 【関東地方の産業】
右の地図やグラフを見て，次の問いに答えなさい。

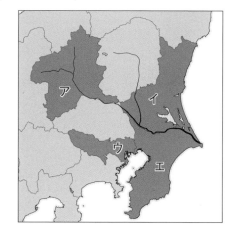

✓よくでる (1)　関東地方の各県では，大都市向けの農作物を栽培する近郊農業がさかんである。近郊農業の利点を，簡潔に書きなさい。

〔　　　　　　　　　　　　　　　　　　　　〕

(2)　右のグラフ**A**〜**D**は，地図中の**ア**〜**エ**のいずれかの都県の工業出荷額の割合を示している。このうち，**B**のグラフに当てはまる都県を，地図中の**ア**〜**エ**から1つ選び，記号で答えなさい。

〔　　　　　〕

ミス注意 (3)　関東地方の内陸部で発達している工業として正しいものを，次の**ア**〜**エ**から2つ選び，記号で答えなさい。

ア　自動車工業　　　**イ**　石油化学工業
ウ　電気機械工業　　**エ**　鉄鋼業〔　　　〕〔　　　〕

(4)　関東地方の内陸部で工業が発達した理由として，誤っているものを，次の**ア**〜**エ**から1つ選び，記号で答えなさい。

ア　東京で工業用地が不足し，広い土地が必要になったから。
イ　東京などに比べて工場を建てる土地の価格が安く，工場を建てやすかったから。
ウ　東京での大気汚染が深刻になり，空気のきれいな土地に工場を移すことが義務づけられたから。
エ　高速道路が整備され，材料や製品の輸送が便利になったから。

〔　　　〕

A	石油・石炭製品 23.7%	化学 17.8	鉄鋼 13.2	食料品 12.4	金属製品 5.3	その他 27.6

B	輸送用機械 18.9%	電気機械 10.1	印刷 10.0	食料品 9.4	情報通信機械 7.0	その他 44.6

C	輸送用機械 38.4%	9.1	プラスチック製品 化学 7.7	6.2	金属製品 5.0	その他 33.6

D	化学 12.8%	11.2	生産用機械 10.1	食料品 8.6	金属製品 6.7	その他 50.6	輸送用機械

(2018年)　　　(2021年版「データでみる県勢」)

入試レベル問題に挑戦

4 【関東地方の自然環境】【首都・東京】
東京の中心部と周辺地域について，次の問いに答えなさい。

(1)　東京の中心部では，周りの地域よりも気温が高くなるヒートアイランド現象がみられる。この現象が起こる原因を，簡潔に書きなさい。

〔　　　　　　　　　　　　　　　　　　　　　　　　　　　　　　　　〕

(2)　東京の周辺の都市では，昼間人口よりも夜間人口が多くなる現象がみられる。この理由を，簡潔に書きなさい。

〔　　　　　　　　　　　　　　　　　　　　　　　　　　　　　　　　〕

ヒント
(2)　反対に東京では，昼間人口のほうが多い。

10 東北地方

🔗 リンク
ニューコース参考書
中学地理
p.272〜279

攻略のコツ 東北地方の自然と伝統行事，農業の特色や，交通と工業のつながりをつかもう。

テストに出る！ 重要ポイント

● **東北地方の自然環境**

❶ 地形…中央を南北に**奥羽山脈**が連なり，北上川下流に仙台平野，最上川下流に庄内平野。**三陸海岸**南部にリアス海岸。

❷ 気候…冬の季節風が日本海側に雪をもたらす。太平洋側は夏に吹く**やませ**（冷たく湿った北東の風）が**冷害**をもたらす。

● **東北地方の伝統・文化とその変化**

❶ 伝統行事と祭り…民俗行事の「男鹿のナマハゲ」は**重要無形民俗文化財**に指定。信仰や農作業に合わせた年中行事。青森ねぶた祭，秋田竿燈まつり，仙台七夕まつりなど。

❷ **仙台市**…東北地方の地方中枢都市であり，人口が 100 万人を超える政令指定都市。城下町から発展。

● **東北地方の農業・水産業**

❶ **稲作**…全国の米の 4 分の 1 以上を生産（日本の**穀倉地帯**）。

❷ **果樹栽培**…**りんご**（青森県），**さくらんぼ**（山形県）など。

❸ **水産業**…寒流と暖流がぶつかる**潮境（潮目）**は好漁場。三陸海岸の入り江や陸奥湾で，わかめやほたてなどの**養殖業**。

● **東北地方の工業**

❶ **伝統産業**…青森県の津軽塗などの伝統的工芸品。⇨現代風のデザインや現代の生活に合った製品づくり。

❷ **交通網の整備と工業**…高速道路沿いに**工業団地**。

❸ **再生可能エネルギー**…風力発電所や地熱発電所の建設。

Step 1 基礎力チェック問題

解答 ▶ 別冊p.22

1 次の〔　〕に当てはまるものを選ぶか，当てはまる言葉を書きなさい。

☑ (1) 東北地方の中央に〔 出羽山地　奥羽山脈 〕が南北に連なる。

☑ (2) 三陸海岸南部は，複雑に入り組んだ〔　　　　　〕が発達している。

☑ (3) 秋田〔 ねぶた祭　竿燈まつり 〕は，農作物の豊作を願う祭り。

☑ (4) 東北地方は，全国の米の〔 4分の1　3分の1 〕以上を生産する日本の穀倉地帯である。

☑ (5) 青森県の津軽平野は〔　　　　　〕の日本一の生産地である。

☑ (6) 東北地方では整備された高速道路沿いなどに〔　　　　　〕がつくられ，工場が進出した。

得点アップアドバイス

1

✓確認 **東北地方の山地**

(1) 奥羽山脈，北上高地，出羽山地などが主な山地である。

 ヒント **青森県の果物**

(5) りんごは涼しい地域，みかんは暖かい地域で生産がさかん。

2 【東北地方の自然環境】【東北地方の伝統・文化とその変化】
右の地図を見て，次の問いに答えなさい。

☑(1) 地図中の**A**の山脈，**B・C**の平野・
盆地の名前を答えなさい。

A〔　　　　　　　〕山脈

B〔　　　　　　　〕平野

C〔　　　　　　　〕盆地

☑(2) 右の**Ⅰ・Ⅱ**の雨温図は，地図中の**ア**
〜**ウ**のいずれかの都市のものである。
当てはまる都市を1つずつ選びなさ
い。　Ⅰ〔　　　〕Ⅱ〔　　　〕

☑(3) 夏に東北地方の太平洋側に冷害をも
たらす，地図中の**P**で示した矢印の風を
何というか。　〔　　　　　　　〕

☑(4) 地図中の**Q**には，山地が海に沈んでで
きた出入りの複雑な海岸がみられる。こ
の海岸地形を何というか。

〔　　　　　　　〕

☑(5) 毎年夏に竿燈まつりが行われる都市
を，地図中の**ア**〜**ウ**から1つ選び，記号で答えなさい。　〔　　　〕

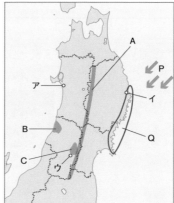

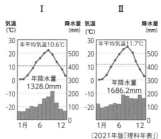

(2021年版「理科年表」)

得点アップアドバイス

2

日本海側は冬に降水量が多く，太平洋側は冬に降水量が少ないよ。

確認 **東北地方の冷害**

(3) 冷たく湿った**P**が夏に吹くと気温が上がらず冷害を起こしやすい。

ヒント **東北三大祭り**

(5) 青森ねぶた祭，秋田竿燈まつり，仙台七夕まつりを東北三大祭りという。

3 【東北地方の農業・水産業】【東北地方の工業】
右の地図を見て，次の問いに答えなさい。

☑(1) 次の①〜④の文に当てはまる平野・
盆地を，地図中の**A**〜**F**から1つずつ
選び，記号で答えなさい。

① さくらんぼの日本一の産地である。

〔　　　〕

② 東北地方有数の米の産地であり，
きりたんぽなべなどの郷土料理も観
光資源の1つとなっている。

〔　　　〕

③ りんごの日本一の産地である。

〔　　　〕

④ 東北地方の地方中枢都市があり，「ひとめぼれ」と呼ばれる銘柄米
の産地でもある。　〔　　　〕

☑(2) 地図中の天童市で生産される伝統的工芸品を，次の**ア**〜**エ**から1つ
選び，記号で答えなさい。　〔　　　〕

ア 将棋駒　**イ** 鉄器　**ウ** 漆器　**エ** たんす

3

確認 **東北地方の農業**

(1) 稲作は秋田平野，仙台平野，庄内平野でさかん。りんごは津軽平野，さくらんぼは山形盆地，ももは福島盆地で栽培がさかん。

1 【東北地方の自然環境】【東北地方の伝統・文化とその変化】
次の地図や写真を見て，あとの問いに答えなさい。

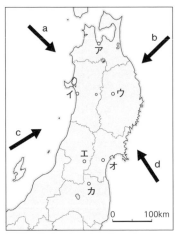

A
(Cynet Photo)

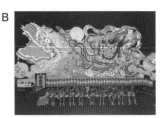
B
(Cynet Photo)

C
(Cynet Photo)

D
(Cynet Photo)

✓よくでる (1)　やませの風向きとして正しいものを，地図中のa～dから1つ選び，記号で答えなさい。　〔　　　〕

(2)　上のA～Dの写真は，東北地方の主な夏の祭りの様子である。A～Dの祭りをそれぞれ何というか。次のア～エから1つずつ選び，記号で答えなさい。
　　ア　七夕まつり　　イ　花笠まつり　　ウ　ねぶた祭　　エ　竿燈まつり
　　　　　　　　　　A〔　　　〕B〔　　　〕C〔　　　〕D〔　　　〕

ミス注意 (3)　A～Dの祭りが開かれる都市は，それぞれ東北地方の6県のうちの4県の県庁所在地である。当てはまる都市を，地図中のア～カから1つずつ選び，記号と県庁所在地名を答えなさい。　　A〔　　〕〔　　　　〕　B〔　　〕〔　　　　〕
　　　　　　　　　　　　　　　C〔　　〕〔　　　　〕　D〔　　〕〔　　　　〕

2 【東北地方の農業】
右のグラフを見て，次の問いに答えなさい。

(1)　グラフⅠは，米の地方別生産量割合を示したものである。東北地方にあたるものを，グラフⅠ中のア～エから1つ選び，記号で答えなさい。

　　　　　　　　　　　　　　　　〔　　　〕

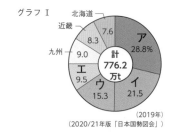
グラフⅠ
北海道 7.6
近畿
九州 9.0
8.3
計 776.2 万t
ア 28.8%
イ 21.5
ウ 15.3
エ 9.5
(2019年)
(2020/21年版「日本国勢図会」)

✓よくでる (2)　グラフⅡのA・Bは，ある果物の県別生産量割合を示したものである。それぞれに当てはまる果物を，次のア～オから1つずつ選び，記号で答えなさい。
　　ア　ぶどう　　イ　さくらんぼ　　ウ　もも
　　エ　みかん　　オ　りんご

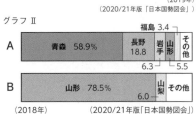
グラフⅡ
福島 3.4
A　青森 58.9%　長野 18.8　岩手 6.3　山形 5.5　その他
B　山形 78.5%　山梨 6.0　その他
(2018年)
(2020/21年版「日本国勢図会」)

　　　　　　　A〔　　　〕B〔　　　〕

3 【東北地方の水産業】【東北地方の工業】
右の地図を見て，次の問いに答えなさい。

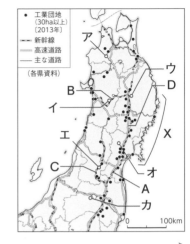

工業団地
（30ha以上）
〔2013年〕
—— 新幹線
—— 高速道路
—— 主な道路
（各県資料）
0　　100km

思考 (1)　地図中の**X**の海域では，かきやわかめなどの養殖がさかんである。その理由を，簡潔に説明しなさい。
〔　　　　　　　　　　　　　　　　　　　　　　　　〕

(2)　右の地図は，東北地方の主な工業団地と交通網を示している。地図中の**A～C**の新幹線，**D**の高速道路を何というか。

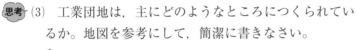

A〔　　　　　　　　〕　B〔　　　　　　　　〕
C〔　　　　　　　　〕　D〔　　　　　　　　〕

思考 (3)　工業団地は，主にどのようなところにつくられているか。地図を参考にして，簡潔に書きなさい。
〔　　　　　　　　　　　　　　　　　　　　　　　　　　　　　　　　　〕

(4)　次の①～③の伝統的工芸品の産地を，地図中の**ア～カ**から1つずつ選び，記号で答えなさい。　　①　会津塗〔　　　〕　②　南部鉄器〔　　　〕　③　樺細工〔　　　〕

✓よくでる (5)　次の文の□□□に当てはまる語句を答えなさい。
◇　伝統的工芸品は，冬が長く農作業のできない東北地方の農家の□□□として発展した。
〔　　　　　　　　　　〕

入試レベル問題に挑戦 ....

4 【東北地方の伝統・文化とその変化】
右の地図や写真を見て，次の問いに答えなさい。

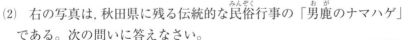

(1)　仙台市は，県名と異なる県庁所在地である。東北地方の6つの県には，県名とその県の県庁所在地名が異なる県がもう1つある。その県の位置を，地図中の**A～E**から1つ選び，記号で答えなさい。また，その県名を答えなさい。

記号〔　　〕　県名〔　　　　　　　　〕

A
B　C
D
仙台市
E
0　50km

(2)　右の写真は，秋田県に残る伝統的な民俗行事の「男鹿のナマハゲ」である。次の問いに答えなさい。

①　この行事は，国の文化財保護法によって文化財に指定されている。何という文化財に指定されているか。
〔　　　　　　　　　　　　　　〕

(Cynet Photo)

ハイレベル ②　東北地方の伝統行事には，どのような願いや感謝が込められているものが多いか。簡潔に書きなさい。
〔　　　　　　　　　　　　　　　　　　　　　　　〕

☀ ヒント
(1)　もう1つの県庁所在地は盛岡市である。
(2)　②「男鹿のナマハゲ」の鬼も豊作や豊漁をもたらす神の使いとされ歓迎された。

北海道地方

リンク
ニューコース参考書
中学地理
p.282～289

攻略のコツ 北海道地方の自然環境と生活の工夫，農業や観光業についてつかもう。

テストに出る！**重要ポイント**

◉ **北海道地方の
自然環境**

❶ **地形**…日本の最北端。日本の総面積の5分の1以上。山地は
日高山脈や北見山地。平地は石狩平野や十勝平野，根釧台地。

❷ **気候**…冷帯（亜寒帯）に属し，冬の寒さが厳しい。
太平洋側で夏に**濃霧**が発生し，低温になる。

◉ **北海道の歩みと
暮らし**

❶ **開拓と歴史**…古くから**アイヌの人々**が暮らす。開拓使が置
かれ，**屯田兵**が開拓。札幌市に北海道の人口の3分の1以上。

❷ **暮らしの工夫**…二重の玄関や窓，**ロードヒーティング**の道
路。雪を利用する**利雪**の取り組みを進める。

◉ **北海道の農業・
水産業**

❶ **農業**…稲作は**客土**により土地改良した**石狩平野**や，上川盆
地，畑作は**十勝平野**，北見盆地，**酪農**は**根釧台地**でさかん。

❷ **水産業**…**北洋漁業**は各国の排他的経済水域の設定で**衰退**。
養殖業や**栽培漁業**で資源管理を行い，持続可能な漁業へ。

◉ **自然をいかした
北海道の産業**

❶ **工業**…食品工業，製紙・パルプ工業は地元の原料を利用。

❷ **観光業**…自然環境や気候を観光資源に。外国人観光客の増加。
新千歳空港（空の玄関口），新幹線は**新函館北斗**まで開通。

❸ **エコツーリズム**…観光と環境保全の両立を目指している。

Step 1　基礎力チェック問題

解答▶ 別冊p.23

---

1 次の〔　〕に当てはまるものを選ぶか，当てはまる言葉を書き
なさい。

☑(1) 北海道は，ほぼ全域が〔　寒帯　　冷帯　〕に属している。

☑(2) 北海道東部の〔　　　　　　〕は世界自然遺産である。

☑(3) 明治時代以前から，北海道には先住民族の〔　　　　　　〕の人々
が暮らしていた。

☑(4) 北海道東部の〔　　　　　　　〕台地では酪農がさかんである。

☑(5) 北海道西部の〔　十勝　　石狩　〕平野では，稲作がさかんである。

☑(6) 北海道では農水産物を使った〔　　　　　〕工業がさかんである。

☑(7) 北海道の空の玄関口の〔　　　　　　〕は東京国際空港などと結
ばれ，利用客も多い。

得点アップアドバイス

1 ‥‥‥‥‥‥‥‥

確認 **北海道の気候**

(1) 夏でも涼しい気候で
ある。

確認 **北海道の農業**

(5) 根釧台地では酪農が
中心。

2 【北海道地方の自然環境】【北海道の歩みと暮らし】
右の地図を見て，次の問いに答えなさい。

得点アップアドバイス

2 ・・・・・・・・・・・・・・・・・・

☑(1) 地図中の**A**の山脈，**B**〜**D**の平野・
台地何というか。

A〔　　　　　〕山脈
B〔　　　　　〕平野
C〔　　　　　〕平野
D〔　　　　　〕台地

🌧 **ヒント　気候の見方**

(2)　Ⅱは濃霧の影響により，夏の気温がⅠに比べて低い。日本海側は冬に降水量が多くなる。

☑(2) 右のⅠ・Ⅱの雨温図は，地図中の**ア**・
イのいずれかの都市のものである。当
てはまる都市を１つずつ選び，記号で
答えなさい。

Ⅰ〔　　　〕Ⅱ〔　　　〕

オホーツク海は冬になると流氷観光が行われるよ。

☑(3) 北海道の気候の特色を，次の**ア**〜**エ**
から２つ選び，記号で答えなさい。
ア　冷帯（亜寒帯）に属している。
イ　夏は涼しく，はっきりした梅雨がみられない。〔　　　〕〔　　　〕
ウ　日本海側は，夏にしばしば濃霧が発生し，低温になることがある。
エ　太平洋側は，南東の季節風の影響で冬に雪が多い。

☑(4) 冬に流氷が押し寄せる沿岸を，地図中の**a**〜**d**から１つ選び，記号
で答えなさい。〔　　　　〕

☑(5) 明治時代以前から北海道に居住していた先住民族を何というか。
〔　　　　　　　〕

🌱 **ヒント　北海道の地名**

(5)　北海道には札幌市のサッポロペッ（乾いた大きな川）などアイヌ語に由来する地名が多い。

☑(6) 明治時代に，北海道の開拓とロシアへの防備をかねて派遣された人
たちを何というか。〔　　　　　　　〕

3 【北海道の農業・水産業】【自然をいかした北海道の産業】
右の地図を見て，次の問いに答えなさい。

3 ・・・・・・・・・・・・・・・・・・

☑(1) 北海道の「空の玄関口」と呼ばれる
空港の位置を，地図中の**ア**〜**エ**から１
つ選び，記号と空港名を答えなさい。
記号〔　　〕　空港名〔　　　　　〕

☑(2) 2016 年に地図中の**X**まで開通し，札
幌まで延びる予定の鉄道を何という
か。〔　　　　　〕

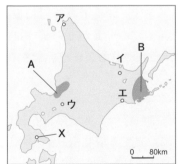

☑(3) 地図中の**A**・**B**の地域でとくにさかんな農業を，次の**ア**〜**エ**から１
つずつ選び，記号で答えなさい。
ア　酪農　　**イ**　畑作　　**ウ**　果樹栽培　　**エ**　稲作

A〔　　　〕 B〔　　　〕

✓ **確認　石狩平野**

(3)　稲作には不向きな泥炭地だった土地を客土などで土地改良した。

3章／日本の諸地域

11 北海道地方

1 【北海道地方の自然環境】【北海道の歩みと暮らし】
右の地図を見て，次の問いに答えなさい。

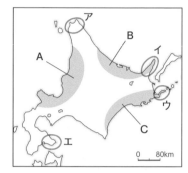

ミス注意 (1)　北海道地方について述べた文として正しいものを，
次のア～エから2つ選び，記号で答えなさい。
ア　東北地方とは，津軽海峡でへだてられている。
イ　日本の総面積の約4割を占めている。
ウ　人口は，全国の約1割を占めている。
エ　現在，本州とは青函トンネルで結ばれている。
〔　　　〕〔　　　〕

(2)　次の文の□□□に当てはまる語句を答えなさい。
右の写真は，知床の様子である。この知床は，ユネス
コの□□□に登録されている。　　　〔　　　　　　〕

(3)　知床の位置を，地図中のア～エから1つ選び，記号で
答えなさい。　　　　　　　　　　　〔　　　〕

(4)　地図中のA～Cの地域の気候の特色を，次のア～ウか
ら1つずつ選び，記号で答えなさい。
ア　寒流の親潮（千島海流）の影響を受けて，夏に濃霧が発生し，低温になる。
イ　冬には流氷が押し寄せて，この地域の観光資源となっている。
ウ　冬に北西の季節風の影響で雪が多く，スキー場が各地でみられる。
A〔　　　〕　B〔　　　〕　C〔　　　〕

2 【北海道の歩みと暮らし】
次の問いに答えなさい。

思考 (1)　右の写真Ⅰ・Ⅱは，北海道の降雪に備える
ための住宅である。Ⅰ・Ⅱがどのように雪を
処理するのか，それぞれ簡潔に書きなさい。
Ⅰ〔　　　　　　　　　　　　〕
Ⅱ〔　　　　　　　　　　　　〕

✔よくでる (2)　北海道では，雪室をつくって米を貯蔵したり，雪冷房システムを導入したり，雪を
利用して生活に役立てる取り組みが行われている。このように雪を活用することを何
というか。漢字2字で答えなさい。　　　　　　　　　　　〔　　　　　　〕

(3)　北海道では，冬に路面の凍結を防ぐために，道路の下に電熱線や温水パイプを入れ
るなどしている。このようなしくみを何というか。

〔　　　　　　〕

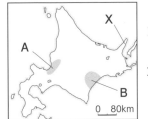
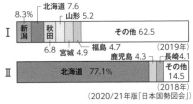

3 【北海道の農業・水産業】【自然を生かした北海道の産業】
右の地図やグラフを見て，次の問いに答えなさい。

✓よくでる (1) Ⅰのグラフは地図中のA，Ⅱのグラフは地図中のBの地域で主に生産されている農作物の生産量割合を示している。当てはまる農作物を，次のア～エから1つずつ選び，記号で答えなさい。

ア　じゃがいも　　　イ　とうもろこし
ウ　さつまいも　　　エ　米

Ⅰ〔　　　〕Ⅱ〔　　　〕

（ピクスタ）

ハイレベル (2) 右の写真は地図中のXに整備された観光客のための高架木道である。このような歩道が整備された理由を，簡潔に書きなさい。

〔　　　　　　　　　　　　　　　　　　　　　　　　　　　　　　　　〕

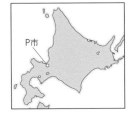

入試レベル問題に挑戦

4 【自然をいかした北海道の産業】
右の地図や資料を見て，次の問いに答えなさい。

(1) 地図中のP市には，例年2月に200万人を超える観光客が，この時期に開かれる祭りの見物のために訪れる。この祭りを何というか。

〔　　　　　　　　　　〕

資料Ⅰ　海外から北海道を訪れ宿泊した人の国・地域

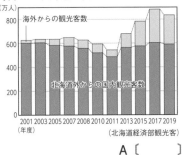

（北海道経済部観光局）

思考 (2) 右の資料Ⅰ・Ⅱから読み取れることについて述べた次の文のA，Bに当てはまる適切なものを，それぞれア～ウから1つずつ選び，記号で答えなさい。

資料Ⅱ　北海道を訪れた観光客

・北海道を訪れた海外からの観光客数を見ると，2019年度は2001年度の，約A｛ ア　6倍　 イ　10倍　　ウ　15倍 ｝となっている。また，2019年度に海外から北海道を訪れ宿泊した人の国・地域では中国が最も多く，約B｛ ア　50万人　　イ　60万人　　ウ　70万人 ｝である。

A〔　　　〕
B〔　　　〕

💡 **ヒント**
(1) 大きな雪像が有名である。
(2) 資料Ⅱは海外からの観光客数の変化に注目する。

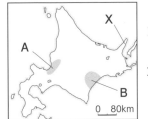
(2019年)
8.3%　新潟　6.8　秋田　宮城 4.9　北海道 7.6　山形 5.2　福島 4.7　その他 62.5
Ⅱ　北海道 77.1%　鹿児島 4.3　長崎4.1　その他 14.5
(2018年)
（2020/21年版「日本国勢図会」）

定期テスト予想問題 ⑥

時間 50分
解答 別冊p.24

得点 ／100

出題範囲：関東地方～北海道地方

1 右の地図を見て，次の問いに答えなさい。

【(3)②は5点，ほかは3点×6】

Q
P
X
Y
Z

(1) 地図中のXやZの県では，大消費地の東京に近いことをいかし，大消費地向けの農作物をつくる農業がさかんである。このような農業を何というか。

(2) 地図中のPの県には，夏でも涼(すず)しい気候をいかして，ほかの地域よりも遅い時期に農作物を栽培(さいばい)し，出荷(しゅっか)する方法がさかんな地域がある。このような栽培方法を何というか。また，この地域で主に栽培されている農作物を，次のア～エから2つ選び，記号で答えなさい。

ア じゃがいも　　　イ レタス
ウ ほうれんそう　　エ キャベツ

(3) 右の表は，東京都とX～Z県の夜間人口と昼間人口の比較(ひかく)である。これを見て，次の問いに答えなさい。

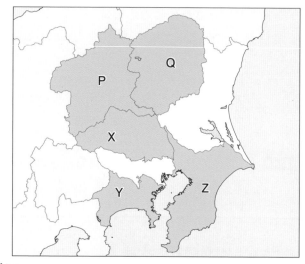

都県名	a (千人)	b (千人)
東京都	15,920	13,515
X県	6,456	7,267
Y県	8,323	9,126
Z県	5,582	6,223

〔2015年〕　（2021年版「データでみる県勢」）

① 表中a，bには，「夜間人口」，「昼間人口」のいずれかの語句が入る。aに入るのはどちらか答えなさい。

② 近年，都心の再開発や新都心の開発が行われている。これらは，どのようなはたらきがあるか，「機能」の語句を使い簡潔に書きなさい。

(4) 右のグラフⅠ～Ⅲは，地図中のいずれかの都県の工業出荷額(しゅっかがく)の割合を示している。グラフⅠ～Ⅲのうち東京都に当てはまるものを1つ選び，記号で答えなさい。

グラフⅠ
電気機械
情報通信機械
輸送用機械 18.9%
10.1
印刷 10.0
9.4
7.0
その他 44.6
食料品
グラフⅡ
金属製品
印刷
輸送用機械 18.9%
食料品 14.2
化学 12.1
5.6
5.1
その他 44.1
グラフⅢ
金属製品
石油・石炭製品 23.7%
化学 17.8
鉄鋼 13.2
食料品 12.4
5.3
その他 27.6

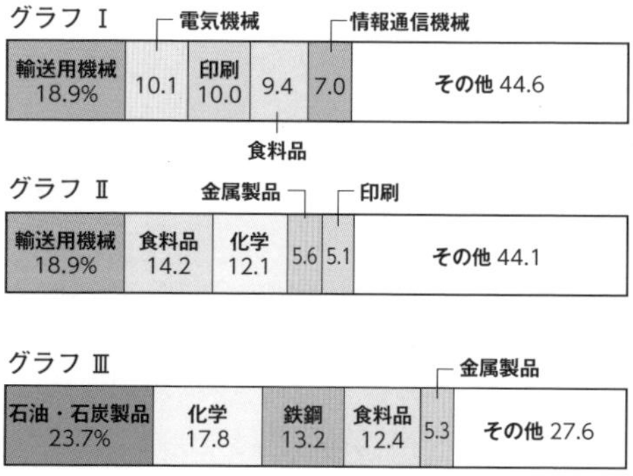

(2018年)　(2021年版「データでみる県勢」)

(1)		(2)	栽培方法		記号		
(3)	①	②				
(4)						

2 右の地図を見て，次の問いに答えなさい。

【2点×12，⑼は完答】

(1) 地図中の⑫・⑬の県の県庁所在地をそれぞれ答えなさい。

(2) 地図中の⒜の海，⒝の山脈，⒞の高地を何というか。

(3) 地図中の⒜でみられる，入り江と岬が入り組んだ海岸地形を何というか。

(4) 右の**資料Ⅰ**は，地図中の**A～C**の都市のいずれかの雨温図である。それぞれの雨温図と都市の組み合わせとして正しいものを，次の**ア～カ**から1つ選び，記号で答えなさい。

ア ①：A，②：B，③：C

イ ①：A，②：C，③：B

ウ ①：B，②：A，③：C

エ ①：B，②：C，③：A

オ ①：C，②：A，③：B

カ ①：C，②：B，③：A

(5) 地図中の◀━は，夏に吹く冷たい北東風である。この風を何というか。

(6) 地図中の**X**の平野で，生産がさかんな農作物は何か。次の**ア～エ**から1つ選び，記号で答えなさい。

ア 小麦　　イ 米　　ウ さつまいも　　エ さとうきび

(7) 地図中の⑫の県の県庁所在地などでつくられている伝統的工芸品は何か。次の**ア～エ**から1つ選び，記号で答えなさい。

ア 天童将棋駒　　イ 津軽塗　　ウ 南部鉄器　　エ 会津塗

(8) 2011年3月，地図中の**Y**の付近を震源とする大地震が起こり，大きな被害が出た。この震災の名前を答えなさい。

(9) 右の**資料Ⅱ・資料Ⅲ**はそれぞれある果物の生産量の割合を表している。当てはまるものを，次の**ア～エ**から1つずつ選び，記号で答えなさい。

ア りんご　　イ さくらんぼ

ウ もも　　エ ぶどう

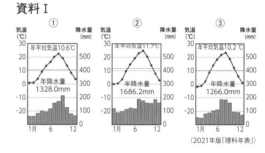

資料Ⅰ

①　年平均気温10.6℃　年降水量1328.0mm

②　年平均気温11.7℃　年降水量1686.2mm

③　年平均気温10.2℃　年降水量1266.0mm

(2021年版「理科年表」)

資料Ⅱ

山梨34.8%　福島21.4　長野11.7　山形7.1　和歌山6.6　その他18.4　(2018年)

資料Ⅲ

山形78.5%　山梨6.0　その他15.5　(2018年)

(2020/21年版「日本国勢図会」)

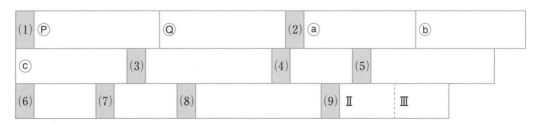

(1)⑫		⑬		(2)⒜		⒝	
⒞		(3)		(4)		(5)	
(6)		(7)		(8)		(9) Ⅱ	Ⅲ

定期テスト予想問題⑥

3 右の地図や写真，資料を見て，次の問いに答えなさい。

【(7)は5点，ほかは3点×8】

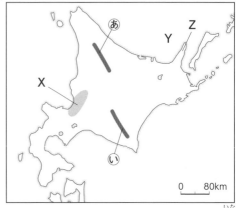

(1) 地図中の**あ**・**い**の山地・山脈の名前の組み合わせとして正しいものを，次の**ア〜カ**から1つ選び，記号で答えなさい。
　ア **あ**：日高山脈，**い**：出羽山地
　イ **あ**：日高山脈，**い**：北見山地
　ウ **あ**：出羽山地，**い**：日高山脈
　エ **あ**：出羽山地，**い**：北見山地
　オ **あ**：北見山地，**い**：日高山脈
　カ **あ**：北見山地，**い**：出羽山地

(2) 地図中の**X**の平野は，かつて泥炭地であったが，土地改良などによって，現在は稲作がさかんに行われている。この平野で行われた土地改良の主な方法を漢字2字で何というか。

(3) 地図中の**Y**の海には，冬になるとあるものが押し寄せてくるため，春先まで港が閉ざされる。この押し寄せてくるものを何というか。

(4) 右の写真は，北海道の降雪の多い地域にみられる，あることを防ぐための屋根である。この屋根は何を防いでいるか，漢字2字で答えなさい。

(Cynet Photo)

(5) 地図中の**Z**について，次の問いに答えなさい。
　① この地域は，2005年に世界自然遺産に登録された。この地域を何というか。
　② この地域を初め，北海道では自然のしくみを学びながら観光を楽しもうという取り組みが行われている。これを何というか。

(6) 右の**資料Ⅰ**は，北海道が全国1位の生産量を誇る農作物の生産量の割合である。**A**，**B**に当てはまるものを，次の**ア〜エ**から1つずつ選び，記号で答えなさい。
　ア じゃがいも　　**イ** てんさい
　ウ なす　　　　**エ** きゅうり

資料Ⅰ

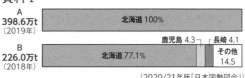

A 398.6万t (2019年) 北海道100%
B 226.0万t (2018年) 北海道77.1% 鹿児島4.3 長崎4.1 その他14.5

(2020/21年版「日本国勢図会」)

(7) 右の**資料Ⅱ**は，加工用に集荷される生乳の割合を示している。北海道では，その他の都府県に比べて加工用が多い。その理由を，簡潔に書きなさい。

資料Ⅱ

北海道 351.9万t／その他0.7／飲用15.8%／加工用83.5

その他の都府県 379.5万t／その他0.6／加工用8.7／飲用90.7%

(2019年)(「牛乳乳製品統計」)

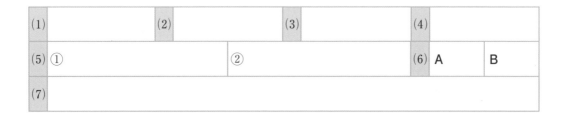

(1)		(2)		(3)		(4)	
(5) ①		②			(6) A		B
(7)							

4 右の地図を見て，次の問いに答えなさい。　　　　　　　　【2点×12】

(1) 次の**A**〜**G**の文は，地図中の**ア**〜**キ**のいずれか
の都道県について述べたものである。各文に当て
はまる都道県を，地図中の**ア**〜**キ**から１つずつ選
び，記号で答えなさい。

A 平安時代，奥州藤原氏によって建てられた中
尊寺金色堂は，2011年に世界文化遺産に登録さ
れた。

B 大型機械を使って，じゃがいもやてんさいな
どをつくる畑作を行っている地域や，広い土地
を利用した**a**酪農がさかんな地域がある。

C 伝統的工芸品として，大館曲げわっぱなどが
ある。

D 県内には政令指定都市が３つあり，自動車，
鉄鋼，造船など重化学工業の工場が多い。

E 新聞社や出版社の本社が多く，印刷業が発達している。

F 県境に**b**流域面積が日本最大の川が流れ，下流域には水郷が広がっている。

G ひらがなで表記される県庁所在地は，人口100万を超える政令指定都市である。

(2) (1)の下線部**a**について，当てはまる地域名を，次の**ア**〜**エ**から１つ選び，記号で答
えなさい。
ア 石狩平野　　**イ** 根釧台地　　**ウ** 庄内平野　　**エ** 津軽平野

(3) (1)の下線部**b**について，この川を何というか。

(4) 地図中の**P**の県について，次の問いに答えなさい。

① **P**の県で生産量が全国一の果物は何か。

② 次の**ア**〜**ウ**の写真は，東北三大祭りと呼ばれる祭りの様子である。このうち，**P**
の県で行われているものはどれか。１つ選び，記号で答えなさい。また，その祭り
の名前を書きなさい。

ア

（Cynet Photo）

イ
（Cynet Photo）

ウ
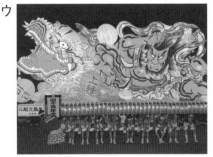
（Cynet Photo）

(1)	A		B		C		D		E		F	
G		(2)		(3)								
(4)	①			② 記号		祭り						

カバーイラスト	へちま
ブックデザイン	next door design（相京厚史，大岡喜直）
	株式会社エデュデザイン
本文イラスト	加納徳博
図版	ゼム・スタジオ，曽根田栄夫，有限会社ケイデザイン
写真	出典は写真そばに記載。
編集協力	彩文社
データ作成	株式会社四国写研
製作	ニューコース製作委員会

（伊藤なつみ，宮崎純，阿部武志，石河真由子，小出貴也，野中綾乃，大野康平，澤田未来，中村円佳，渡辺純秀，相原沙弥，佐藤史弥，田中丸由季，中西亮太，髙橋桃子，松田こずえ，山下順子，山本希海，遠藤愛，松田勝利，小野優美，近藤想，辻田紗央子，中山敏治）

＼ あなたの学びをサポート！／

家で勉強しよう。
学研のドリル・参考書

URL　　　　　https://ieben.gakken.jp/
X（旧 Twitter）　@gakken_ieben

Web ページや X（旧 Twitter）では，最新のドリル・参考書の情報や，おすすめの勉強法などをご紹介しています。ぜひご覧ください。

読者アンケートのお願い

本書に関するアンケートにご協力ください。右のコードか URL からアクセスし，アンケート番号を入力してご回答ください。ご協力いただいた方の中から抽選で「図書カードネットギフト」を贈呈いたします。※アンケートやプレゼント内容は予告なく変更となる場合があります。あらかじめご了承ください。

アンケート番号：305295

https://ieben.gakken.jp/qr/nc_mondai/

学研ニューコース問題集　中学地理

この本は下記のように環境に配慮して製作しました。
- 製版フィルムを使用しない CTP 方式で印刷しました。
- 環境に配慮して作られた紙を使っています。

【学研ニューコース】

問題集

中学地理

［別冊］

解答と解説

● 解説がくわしいので，問題を解くカギやすじ道がしっかりつかめます。

● 特に誤りやすい問題には，「ミス対策」があり，注意点がよくわかります。

「解答と解説」は別冊になっています。

•••▷ 本冊と軽くのりづけされていますので，はずしてお使いください。

Gakken

1 地球の姿／世界の地域区分

Step 1 基礎力チェック問題 （p.4-5）

1 (1) **ユーラシア** (2) **太平洋**
(3) **島国（海洋国），内陸国**
(4) **ロシア（連邦）** (5) **赤道**
(6) **地球儀**

解説 (5) 経度は，本初子午線を0度として，東西を180度ずつに分ける。

2 (1) **ⓑ→ⓒ→ⓐ**
(2) 記号…**C** 大陸名…**オーストラリア大陸**
(3) **アジア州・ヨーロッパ州**（順不同）

解説 (1) ⓐはインド洋，ⓑは太平洋，ⓒは大西洋。
(3) Aのユーラシア大陸は，ヨーロッパ州とアジア州からなる大陸。

3 (1) ①記号…**A** 国名…**ロシア（連邦）**
②記号…**C** 国名…**インド**
(2) **ア**

解説 (2) 国境線は，山や川などの自然を利用したものと人工的に引かれたものがある。ヨーロッパ諸国の植民地だったアフリカには，緯線・経線を利用した国境線が多くみられる。

4 (1) **本初子午線** (2) **地球儀**

解説 (1) 子午線とは経線のこと。イギリスのロンドンの旧グリニッジ天文台を通る経度0度の経線を本初子午線と呼ぶ。
(2) 地球は球体であり，平面の地図に面積・距離・方位のすべてを同時に正確に表すことはできない。

Step 2 実力完成問題 （p.6-7）

1 (1) **エ**
(2) 記号…**E** 大陸名…**オーストラリア大陸**
(3) **ア大西洋 イヨーロッパ**

解説 地球の表面の約7割は海洋で，地球は水の惑星と呼ばれる。ユーラシア大陸・アフリカ大陸・北アメリカ大陸・南アメリカ大陸・オーストラリア大陸・南極大陸の六大陸と，太平洋・大西洋・インド洋の三大洋がある。

2 (1) **C→A→B→D**
(2) **Bブラジル・南アメリカ**（州）
Cカナダ・北アメリカ（州）
(3) **島国（海洋国）**
(4) 例 **かつてイギリスの植民地だったから。**
(5) **バチカン市国**

解説
(1)
> ミス対策 A中国，Bブラジル，Cカナダ，Dオーストラリアである。世界で国土面積が大きいのは，ロシア，カナダ，アメリカ合衆国，中国，ブラジル，オーストラリアの順。

(3) Eはニュージーランド。
(4) ユニオンジャックはイギリスの国旗。かつてイギリスの植民地であったオーストラリアやニュージーランドは，イギリス連邦に加盟している。
(5) Fのイタリアのローマ市内にあるバチカン市国は，国土面積も世界最小。

3 (1) **イ** (2) **A**
(3) **白夜** (4) **東**

解説 (2) 地図1の図法（メルカトル図法）では，緯線は赤道から離れるほど実際の距離よりも長く表されている。
(4) 地図2は，東京を中心とした正距方位図法の地図で，中心からの距離と方位が正しく表されている。

4 (1) **エ**
(2) 例 **かつてヨーロッパ諸国がアフリカ大陸を植民地にしたときに決めた境界線のなごりがあるから。**

解説 (1) 地図はアフリカ大陸を表している。赤道はアフリカ大陸のほぼ中央を通り，0度の経線である本初子午線とギニア湾で交差する。
(2) アフリカは，19世紀末までにほぼ全域がヨーロッパ諸国の植民地になった。ヨーロッパ諸国は，植民地獲得競争の中で，民族のまとまりを無視して，地図上の経線や緯線を利用してアフリカを分割していった。

2 日本の位置と範囲，地域区分

Step 1　基礎力チェック問題　(p.8-9)

1 (1) ユーラシア　(2) 東経 135 度

(3) 領土，排他的経済水域

(4) 北方領土　(5) 43

2 (1) イ　(2) イ　(3) 7 時間

解説 (1) 日本の標準時は，兵庫県明石市を通る東経 135 度の経線を基準に決められている。

(2) 北緯約 40 度に位置する都市には，スペインのマドリード，中国のペキンなどがある。

(3) 経度 15 度で 1 時間の時差が生じるので，以下の式で算出できる。

経度差は 135(度) − 30(度) = 105(度)。

時差は 105(度) ÷ 15(度) = 7(時間)。

3 (1) 北方領土　(2) 沖ノ鳥島　(3) 200 海里

解説 (2) 日本の南端の島は沖ノ鳥島。南鳥島は東端の島である。まちがえないように注意しよう。

(3) 日本は島国で離島があるため，排他的経済水域が国土面積の 10 倍以上になる。

4 (1) A 宮城 (県)・仙台 (市)

B 石川 (県)・金沢 (市)

C 愛知 (県)・名古屋 (市)

D 徳島 (県)・徳島 (市)

(2) X 中部 (地方)　Y 九州 (地方)

解説 (1) 県名と県庁所在地名が異なる都道府県は確認しておこう。

(2) X は山梨県，Y は沖縄県である。

Step 2　実力完成問題　(p.10-11)

1 (1) オーストラリア

(2) 中国・アメリカ合衆国 (順不同)

(3) エ　(4) 3 月 17 日午後 3 時

解説

(3)

> ミス対策 ヨーロッパを中心とした世界地図で見ると，日本とその周辺は東の最も遠いところにあるため，極東と呼ばれる。

(4) フランスのパリと日本の経度差は，135(度) −

15(度) = 120(度)。経度 15 度で 1 時間の時差が生じるので，120(度) ÷ 15(度) = 8(時間) の時差がある。日本時間の 3 月 17 日午前 10 時に出発した飛行機が，日本時間で 13 時間後の 3 月 17 日午後 11 時にパリに到着する。現地時間では，8 時間の時差を引いた午後 3 時となる。

2 (1) ロシア (連邦)　(2) 竹島

(3) 12 海里

(4) 例 沿岸国が水産資源や鉱産資源を利用する権利を持つ水域。

解説

(3)

> ミス対策 日本は，領海を海岸線から 12 海里 (約 22.2 km) 以内と定めている。領海の範囲は最大 12 海里を限度に，国によって異なる。

(4) 排他的経済水域では，沿岸国は自由に漁業をしたり，石油などの鉱産資源を利用したりできる。船の航行は他国の船でも自由にできる。

3 (1) ①九州地方　②近畿地方

③関東地方　④中国・四国地方

⑤東北地方　⑥中部地方

(2) イ　(3) イ

解説 (2) A は岡山市で，瀬戸内海の沿岸にある。中国地方は山陰・山陽の 2 つの地域に区分することもある。

(3) 中央高地は内陸部にある山梨県・長野県・岐阜県北部を指す。

4 (1) 西経 120 度

(2) ①岐阜県　②京都府

解説 (1) 1 月 1 日午前 11 時と 12 月 31 日午後 6 時の時差は 17 時間。経度 15 度で 1 時間の時差が生じるので，15(度) × 17 = 255(度) で経度差は 255 度である。日本の標準時子午線は東経 135 度なので，255(度) − 135(度) = 120(度) となり，西経 120 度。西経 120 度の都市にはロサンゼルスなどがある。

1 さまざまな地域の暮らし①

Step 1 基礎力チェック問題 （p.12-13）

1 (1) 寒帯，熱帯　　(2) 熱帯雨林，高床
(3) サヘル　　(4) オアシス

解説 (3) サヘルには木や草がわずかに生える。た
き木の切りすぎや過放牧により砂漠化が進行して
いる。

2 温帯…ア　　寒帯…オ

解説 温帯は，季節の変化がはっきりしていて，
温暖な気候帯。寒帯は，1年の大半が雪と氷に覆
われる寒冷な気候帯。雨温図アは温帯の東京，イ
は乾燥帯のカイロ，ウは冷帯（亜寒帯）のイルクー
ツク，エは熱帯のバンコク，オは寒帯のバローで
ある。

3 (1) ウ　　(2) イ　　(3) スコール

解説 (1) サモアは，オセアニア州の太平洋上にあ
る国。赤道に近く，熱帯の気候で一年中暑い。
(3) マレーシアやインドネシアは大部分が熱帯雨
林気候で，一年中高温多雨であり，スコールがみ
られる。

4 (1) 乾燥帯　　(2) 遊牧　　(3) ウ

解説 (3) 乾燥に強いなつめやしや小麦をかんがい
などによって栽培している。

Step 2 実力完成問題 （p.14-15）

1 (1) A乾燥帯　　B冷帯（亜寒帯）
(2) ア ツンドラ　　イ 氷雪

解説

(1)
> ミス対策　Aには砂漠が広がっているの
> で，乾燥帯で見られる光景である。Bには
> 針葉樹林(タイガ)が広がっているので，
> 冷帯(亜寒帯)の光景である。

(2) 寒帯はツンドラ気候と氷雪気候に分類される。
氷雪気候では植物が生育せず，観測所などの特別
な場合以外，人は生活していない。

2 (1) イ　　(2) 熱帯雨林（熱帯林）
(3) 例 湿気がこもるのを防ぐために高床になっ

ている。

解説 (1) シンガポールは赤道付近に位置する。資
料1の雨温図を見ると，1年を通して高温である
ことが読み取れる。

3 (1) サヘル　　(2) ア
(3) 焼畑農業　　(4) オアシス

解説 (1) サヘルは，アラビア語で「岸辺」を意味
する。
(2) 過放牧や伐採などで草も育たないやせた土地
になってしまうのを防ぐため，植林をしたり，た
め池や用水路などのかんがい施設を整備したりし
ている。
(3) 焼畑農業は，同じ土地で何度も耕作を行うと
土地がやせるため，数年で違う土地に移動して農
業を行う。

4 (1) ① B　　② D
(2) 資料1 ⓑ　　資料2 ⓓ

解説 (1) ①「針葉樹林」という言葉から冷帯（亜
寒帯）とわかる。ユーラシア大陸北部や北アメリ
カ大陸北部に分布する。②「一年中雨が多く，…
密林」という部分から熱帯とわかる。赤道付近に
分布する。
(2) 資料1はゲル。モンゴル高原の遊牧民が居住
する，移動に便利な組み立て式の住居である。資
料2はポンチョという衣服でアルパカの毛でつく
られている。中南米の高地で風や寒さをしのぐの
に適した衣服である。

2 さまざまな地域の暮らし②

Step 1 基礎力チェック問題 （p.16-17）

1 (1) オリーブ，小麦
(2) イヌイット，カリブー
(3) 永久凍土　　(4) 高山

解説 (1) イタリアやスペインは温帯の地中海性気
候で，夏に乾燥し冬に雨が降る。
(2) イヌイットは，狩りを中心とする生活をして
いたが，現在は定住が進んでいる。
(4) アンデス山脈は，南アメリカ大陸の西側に南
北に連なる山脈である。

2 (1) ウ　　(2) イ

解説 (2) 地中海沿岸は夏の日差しが強く，熱気で家の中が暑くなるので，壁を石でつくって熱が伝わりにくくしている。

③ (1) シベリア　(2) タイガ　(3) 高床

解説 (3) シベリアには永久凍土が広がっているが，夏と冬の気温差が大きいため，夏に永久凍土がとけて家が傾くことがある。

④ (1) アンデス山脈　(2) リャマ
(3) ウ

解説 (2) リャマやアルパカはらくだの仲間。
(3) ゲルはモンゴルで見られる住居，サリーはインドなどの女性の民族衣装である。

Step 2　実力完成問題　(p.18-19)

① (1) イ　(2) イ
(3) 例 強い日差しをはね返して家の中を涼しくするため。

解説 (1) 資料1を見ると，夏は高温で降水量が少なく，冬は降水量が多くなっていることがわかる。
(2)

> ミス対策　地中海性気候の地域はぶどうの栽培に適しており，ぶどうを原料とするワインづくりもさかんである。りんごは冷涼な気候，パイナップルやバナナは高温多湿な気候が栽培に適している。

(3) 夏の強い日差しで家の中が高温になるのを防いでいる。

② (1) 北極圏　(2) イヌイット
(3) イグルー　(4) エ
(5) 例 夏の間だけ地表の氷がとけ，こけ類や草が生える地域。

解説 (3) 雪を固めて積み上げたドーム型の住居。
(4) カリブー（トナカイ）の毛皮は厚く，暖かいので寒帯の地域で着るのに適している。

③ (1) ペルー　(2) イ
(3) アリャマ　イアルパカ

解説 (1) ペルーの高地では，標高差を利用した農業が行われている。
(2) 高山気候である。

④ (1) Aウ　Bエ　Cイ　Dア
(2) ア

解説 (1) 標高が上がるにつれて，気温は下がる。

標高に合わせて，栽培する作物を変える工夫を行っている。
(2) クスコは，アンデス山脈の標高およそ3400 mにある都市。高山気候で，1年の気温の変化が少ない。東京は，温暖湿潤気候である。

3　世界の衣食住と宗教

Step 1　基礎力チェック問題　(p.20-21)

① (1) 米　(2) 木　(3) キリスト教
(4) コーラン（クルアーン）　(5) ヒンドゥー教

解説 (5) ヒンドゥー教はネパールにも信者が多い。

② (1) Aイ　Bア　Cウ
(2) ①サリー　②チマ・チョゴリ

解説 (1) 家の材料は，その地域の自然環境に応じたものが用いられている。Aはロシアやカナダなど針葉樹林が広がる地域に分布しているので，木の家が多い地域。Bはアフリカ北部や西アジアの乾燥地域に広がっているので土の家，Cはヨーロッパ南部などに広がっているので石の家が，多い地域とわかる。
(2) ②チマは巻きスカート，チョゴリは丈の短い上着である。

③ (1) Aエ　Bア　Cイ
(2) Aイ　Bウ　Cア
(3) ヒンドゥー教

解説 (1) Aの仏教は東南アジア・東アジアに，Bのキリスト教はヨーロッパ・南北アメリカ・オセアニアに，Cのイスラム教は北アフリカ・西アジア・中央アジア・インドネシアやマレーシアに広まっている。
(2) イスラム教ではメッカへの祈りのほか，豚肉を食べない，酒を飲んではいけないなどの決まりがコーランに書かれている。キリスト教では，日曜日は安息日と決められており，家族で教会に行って祈りをささげる人が多い。

Step 2　実力完成問題　(p.22-23)

① (1) 国名…インド　衣装…サリー
(2) 牛　(3) チャパティ（ナン）
(4) イスラム教

(5) イ　(6) とうもろこし

(7) ア　(8) ウ　(9) 日干しれんが

⑩ 例 強い日差しと砂ぼこりから体を守るため。

解説 (1) サリーは，1枚の布を体に巻きつけるインドなどの女性の民族衣装。

(2) インドで多くの人が信仰しているヒンドゥー教では，牛は神聖な動物とされている。

(7) 中央アメリカではとうもろこしの栽培がさかんである。

2 (1) Aキリスト教　B仏教　Cイスラム教

(2) ア・ウ　(3) ウ　(4) ウ

解説 (2) 西暦はイエス・キリストが生まれたとされる年を基準としている。

(3) タイでは，8割以上の人が仏教を信仰している。

(4)
> ミス対策 イスラム教では，豚はけがれた動物として食べることを禁じられている。牛肉を食べないのはヒンドゥー教徒である。

3 (1) ウ　(2) ヒンドゥー教

解説 (1) ゲルは，モンゴル高原の遊牧民が居住する，移動に便利な組み立て式の住居である。

定期テスト予想問題 ① （p.24-27）

1 (1) 図Ⅰイ　図Ⅱウ

(2) 図Ⅰウ　図Ⅱア

(3) ①ア　②キ

(4) 記号　E　大陸名　オーストラリア大陸

(5) 記号　E

理由　例 メルカトル図法の地図では高緯度の地域ほど面積が実際より大きく示されるから。

(6) インド洋　(7) 図Ⅰa　図Ⅱc

解説 (5) Xのグリーンランドのほうが大きく見えるが，実際はEのオーストラリア大陸のほうが面積が大きい。

(7) 図Ⅱでは中心の地点と他の地点を結ぶ直線が最短コースとなっている。図Ⅰでは2点間をだ円で結ぶ線が最短コースとなっている。

2 赤道 A・E　本初子午線 B・E

解説 赤道は，アフリカ大陸のほぼ中央や，南アメリカ大陸のアマゾン川河口付近を通る。本初子午線は，ユーラシア大陸の西端や，アフリカ大陸のギニア湾岸を通る。A南アメリカ大陸，Bユーラシア大陸，Cオーストラリア大陸，D北アメリカ大陸，Eアフリカ大陸の略図である。

3 (1) ①ユーラシア　②島（海洋）　③本州

(2) Ⅰ群ウ　Ⅱ群オ

(3) A北方領土　B南鳥島

(4) ウ　(5) ウ　(6) エ

解説 (2) 日本とほぼ同緯度にあるのは，スペインなど南ヨーロッパの国々である。イギリス・ドイツ・オランダは，日本の北端より北にあることに注意する。

(6) 東京は東経135度，ニューヨークは西経75度の経線を標準時子午線とする。経度差は135(度)＋75(度)＝210(度)。経度15度で1時間の時差が生じるので，210(度)÷15(度)＝14(時間)　の時差がある。日付変更線で切ったとき，東京より西にあるニューヨークは東京より時刻が遅いので，3月31日午後7時になる。

4 (1) ①チマ・チョゴリ　②F，韓国（大韓民国）

(2) ①E，モンゴル　②ア

(3) 例 湿気を防ぐために床を高くしている。

(4) タイガ

(5) アジア州・ヨーロッパ州（順不同）

(6) 赤道

(7) 例 かつてアフリカを植民地として支配したヨーロッパ諸国が，緯度や経度にそって境界線を引いたから。

解説 (3) Pの地域やQの国（インドネシア）は赤道が通り，大部分が熱帯雨林気候に属する。

(4) Rはカナダ，Sはロシアである。

(5) ウラル山脈を境に，西がヨーロッパ州，東がアジア州である。

(6) Xはエクアドルで，赤道直下の国である。

5 (1) キリスト教　(2) イ　(3) 仏教

(4) ①メッカ　②断食

(5) 例 イスラム教のきまりで，女性は人前で肌を見せてはいけないため。

(6) ①サリー　②ヒンドゥー教

(7) C豚　D牛

解説 (2) **イ**のモスクはイスラム教の礼拝堂。

(4) ①メッカはサウジアラビアにある都市で，イスラム教を開いたムハンマドが生まれた場所である。

(7) **C**のイスラム教は豚をけがれた動物として食べることを禁止している。**D**のヒンドゥー教は牛を聖なる動物として食べない。

【2章】世界の諸地域

4 アジア州

Step 1 基礎力チェック問題 (p.28-29)

1 (1) ヒマラヤ　(2) 一人っ子　(3) ソウル
(4) プランテーション　(5) ICT
(6) イスラム教

解説 (4) プランテーションは，熱帯や亜熱帯地域に開かれた，広大な農地に単一の作物を栽培する農園で，植民地支配の下でつくられた。

(5) ICT は，情報通信技術のこと。NIES は新興工業経済地域の略称。

2 (1) **A** ヒマラヤ山脈　**B** 長江（チャンチヤン）
(2) **イ**　(3) イスラム教

解説 (1) **A**のヒマラヤ山脈には世界最高峰のエベレスト山（チョモランマ）がある。**B**の長江は中国最長の河川。

(2) 夏と冬で風の向きが変わる，この季節風をモンスーンという。

3 (1) ①**C**・インド　②**E**・インドネシア
　　③**A**・中国
(2) アジア NIES

解説 (1) ①ベンガルールは，インド南部の都市。バンガロール，ベンガロールともいう。②ASEAN は東南アジア諸国連合の略称で，原加盟国はタイ・インドネシア・シンガポール・フィリピン・マレーシアの5か国。

(2) 1970 年代以降，急速に工業化した国や地域を NIES（新興工業経済地域）といい，台湾・韓国・ホンコン（香港）・シンガポールをアジアNIES という。

4 (1) **イ**

---

(2) ソビエト社会主義共和国連邦（ソ連）

解説 (2) カザフスタン・アゼルバイジャンなどの中央アジアの国々は，ソビエト連邦を構成していたが，1991 年にソ連が解体されて，独立した。

Step 2 実力完成問題　（p.30-31）

1 (1) 長江（チャンチヤン）
(2) **A イ**　　**B ウ**　　**C ア**
(3) **B ア**　　**C イ**

解説 (1) 世界の河川の長さは，1 位ナイル川，2 位アマゾン川，3 位長江の順。

(2)
> ミス対策　**B**は雨が少ないが夏は高温で畑作がさかん。**C**は温暖で夏に雨が多く稲作がさかん。**A**は乾燥地域で牧畜がさかん。

2 (1) **ウ**　(2) 情報通信技術
(3) 例 税制面などで優遇されること，賃金が安くて豊富な労働力があることに注目した外国企業が積極的に進出したため。
(4) 格差

解説 (1) **ウ**のベンガルールは，ICT 関連産業が発達している。ICT 関連企業が集まるアメリカのカリフォルニア州のシリコンバレーになぞらえて「インドのシリコンバレー」といわれる。

(3) **B**の中国では，沿岸部のシェンチェンやアモイなどに外国企業を受け入れる経済特区を設けて工業化を進め，めざましい発展をとげた。

(4) 沿岸部の方が内陸部より一人あたりの GDP が高い傾向にある。

3 (1) 東南アジア諸国連合
(2) **A ウ**　　**B イ**　　**C ア**
(3) 多民族国家　(4) ペルシャ（ペルシア）湾

解説 (2) **ア**は石炭から**C**のインドネシア，**イ**は機械類・石油製品から**B**のマレーシア，**ウ**は機械類・自動車から**A**のタイと判断する。近年，輸出品は変化しているので注意しよう。

(4) 日本は，サウジアラビアやアラブ首長国連邦などのペルシャ（ペルシア）湾岸諸国から原油輸入量の 90％近くを輸入している。

4 (1) **イ**　(2) 記号－**ア**　国名－タイ

解説 (1) **資料 1** 中の指標の「高・多」地域が，

北部と沿岸部に集中していることに注目する。

(2) タイは国民の9割以上が仏教徒で，生活の中に仏教が浸透している。

---

5 ヨーロッパ州

Step 1 基礎力チェック問題 (p.32-33)

1 (1) **ユーラシア**　(2) **ゲルマン系**
(3) **ユーロ**　(4) **地中海式農業**
(5) **酸性雨**

解説 (1) ユーラシア大陸は，ヨーロッパ州とアジア州に分けられる。

(2) ゲルマン系言語は英語・ドイツ語など。

2 (1) **アルプス山脈**　(2) **フィヨルド**　(3) **ウ**

解説 (3) イギリス・ドイツ・ノルウェー・スウェーデンなどのヨーロッパ北西部の国は，ゲルマン系民族を中心とした国である。

3 (1) **ユーロ**　(2) **フランス**　(3) **イ**
(4) **ドイツ**

解説 (2)(3) 平地が多いフランスは農業がさかんで，小麦の生産量はEU最大である。

4 (1) **地球温暖化**　(2) **パークアンドライド**

解説 (1) 化石燃料の大量消費で排出された二酸化炭素などの温室効果ガスは，地球の気温を上昇させる原因となる。

(2) park and ride（駐車して乗車する）である。

Step 2 実力完成問題 (p.34-35)

1 (1) **偏西風**
(2) 名称…**北大西洋海流**　種類…**暖流**
(3) Ⅰ **エ**　Ⅱ **ウ**　(4) **国際河川**
(5) **A**　(6) **ウ**

解説 (1) 偏西風は1年を通して西から吹く風で，主に大陸西岸に吹く。

(2) ミス対策 北大西洋海流は低緯度から高緯度へ流れる暖流である。

(3) Ⅰは地中海性気候のローマ，Ⅱは西岸海洋性気候のパリの雨温図。ローマは北緯約42°，パリは北緯約48°で，日本の北海道に近い緯度であるが，北大西洋海流と偏西風の影響で比較的温暖で

ある。

(4) **あ**はライン川。

(5) フィヨルドは，スカンディナビア半島の西側の海岸線にみられる。

(6) **い**はフランス。ヨーロッパのキリスト教の宗派の分布は，主に南部はカトリック，北西部はプロテスタント，東部は正教会になっている。

2 (1) ① **B**　② **A**　③ **C**
(2) **ルール工業地域**　(3) **国際分業（分業）**

解説 (1) ①は酪農，②は混合農業，③は地中海式農業について述べた文である。

(2) ドイツのルール地方は，近くの炭田とライン川の水運を利用して，ドイツ最大の工業地域になった。

3 (1) **ウ**　(2) **B・C・D・G・H・I**
(3) **ⓑ**
(4) 例 **経済的・政治的な結びつきを強め，アメリカ合衆国などの大国の経済力に対抗するため。**
(5) 例 **EUに導入されている共通通貨。**
(6) **再生可能エネルギー**

解説 (1) ベルギーのブリュッセルにある。

(2) ミス対策 ECの原加盟国は，**B**オランダ，**C**ベルギー，**D**フランス，**G**ドイツ（当時は西ドイツ），**H**ルクセンブルク，**I**イタリアの6か国。

(3) **ⓐ**はアメリカ合衆国，**ⓒ**は日本。アメリカ合衆国は国土面積が広く，EU全加盟国の合計面積の2倍以上ある。GDPはEUとアメリカ合衆国がほぼ同じ規模。

4 例 **比較的加盟が遅く，一人あたり国民総所得が低い東ヨーロッパの国々から，比較的加盟が早く，一人あたり国民総所得が高い西ヨーロッパの国々への移動がみられる。**

解説 資料1からドイツなどへの労働者の移動が多いことが読み取れる。労働者を送り出している国（出身国）は，資料2からEUへの加盟が比較的遅いことが，また資料3から一人あたり国民総所得が低いことが読み取れる。

6 アフリカ州

Step 1 基礎力チェック問題 (p.36-37)

1 (1) **熱帯** (2) **サハラ**

(3) **プランテーション** (4) **茶**

(5) **レアメタル（希少金属）**

(6) **モノカルチャー** (7) **アフリカ連合**

解説 (1) アフリカ大陸の気候は，赤道をはさんで南北対称に分布している。高緯度になるにつれ，熱帯から乾燥帯，温帯へと分布が変化する。

(3) 植民地時代に始められた，大農園で特定の商品作物を栽培する農業。

2 (1) **A ナイル川** **B サハラ砂漠**

(2) **ウ** (3) **植民地**

解説 (2) 雨温図を見ると，一年中暑く年間降水量が多いことから，赤道近くの**ウ**のビタムとわかる。

3 (1) ① **カカオ（豆）** ② **ギニア湾**

③ **コートジボワール**

(2) Ⅱ **C** Ⅲ **F**

解説 (1) ギニア湾岸は世界最大のカカオの産地。

(2) **グラフⅡ**は輸出品の80％以上を原油が占めていることから，アフリカ最大の原油生産国**C**のナイジェリアと判断する。**グラフⅢ**は自動車や機械類など工業製品の輸出がみられることから**F**の南アフリカ共和国である。

4 **スラム**

解説 アフリカでは農村から都市への移住が進んでいるが，都市へ移住した人の多くが安い賃金で働いたり，職につけなかったりしている。

Step 2 実力完成問題 (p.38-39)

1 (1) **イ** (2) **ステップ** (3) **熱帯**

(4) **エチオピア…B** **リベリア…A**

(5) **イ**

解説

(1)
> ミス対策 世界最大の流域面積をもつ河川は南アメリカのアマゾン川である。

(2) **Q**はサハラ砂漠で，周辺は雨季があるステップ気候になっている。

(3) **X**は赤道である。

(4) アフリカは19世紀末までにほぼ全域がヨーロッパ諸国の植民地になった。

2 (1) ① **イ** ② **プランテーション**

(2) **レアメタル（希少金属）**

解説 (2) コバルトはコンゴ民主共和国，クロムとマンガンは南アフリカ共和国などアフリカ南部を中心に産出される。

3 (1) **モノカルチャー経済**

(2) 例 **天候や景気によって価格が大きく変動するため，限られた輸出品によって経済が成り立っていると，収入が安定しないから。**

(3) **フェアトレード**

(4) 例 **アフリカは人口増加が著しく，干ばつがアフリカ各地で起きているため，食料が不足しているから。**

(5) **アフリカ連合**

解説 (3) 公正貿易・公正取引（Fairtrade）の意味。

(4) アフリカの人口は約13億人（2020年）。人口増加が著しく，2050年には約25億人になると予測されている。

4 例 **ヨーロッパ諸国の植民地だったこと。**

解説 アフリカはかつてヨーロッパ諸国の植民地だったため，独立後も植民地支配していた国の影響を受け，英語やフランス語，ポルトガル語などが公用語となっている。

定期テスト予想問題 ② (p.40-43)

1 (1) **A アルプス山脈** **B ウラル山脈**

C ヒマラヤ山脈

(2) **D 長江(チャンチヤン)** **E メコン川**

F ナイル川

(3) **G チベット高原** **H サハラ砂漠**

(4) Ⅰ **ウ** Ⅱ **オ** Ⅲ **イ**

(5) ① ⓖ・**アジア** ② ⓑ・**ヨーロッパ**

③ ⓒ・**アフリカ** ④ ⓔ・**アジア**

⑤ ⓙ・**アジア**

解説 (2) **D**の長江は中国最長の河川。**F**のナイル川は世界最長の河川。

(5) ①は「人口が多く」と「ヒンドゥー教」からインド，②は「首都には，世界最小の国が位置」からイタリア，③は「人種隔離政策」から南アフ

リカ共和国，④は「日本が最も原油を輸入」から
サウジアラビア，⑤は「儒教の影響」と「ハング
ルを使用」から韓国と判断できる。

2 (1) Aソウル　　Bペキン（北京）

(2) アジアNIES

(3) ①一人っ子政策　　②ウ　　③経済特区

(4) ①ASEAN　　②あウ　いア

(5) ウ　　(6) イスラム教

解説 (1) Aは韓国，Bは中国である。

(2) アジアの韓国，香港，台湾，シンガポールの
ことをアジアNIESという。

(3) ②長江流域（華中）は世界有数の穀倉地帯で，
米の大産地となっている。アは東北地方，イは西
部，エは華南の農業の様子である。

(4) ① ASEANの正式名称は東南アジア諸国連合
で，2021年現在で10か国が加盟している。東南
アジアの国のうち，未加盟国は東ティモールだけ
である。

②Cのタイは世界有数の米の輸出国であり，かつ
ては米が最大の輸出品であったが，工業化が進み，
機械類の輸出額が増えたことで，輸出額に占める
米の割合は大きく低下した。

(5) Dのインド南部の都市ベンガルールは，欧米
のICT関連産業の会社が進出しており，「インド
のシリコンバレー」と呼ばれている。

3 (1) イ　　(2) 偏西風

(3) Aウ　　Bエ　　Cア

(4) ①ブリュッセル　　②ヨーロッパ連合

③ユーロ

④例 アメリカ合衆国などの大国の経済力に
対抗するため。

⑤記号…ⓑ　国名…イギリス

(5) 国際分業（分業）

解説 (1) アのタイガは針葉樹林，エのサヘルはサ
ハラ砂漠の南側に広がる砂漠化が進んでいる地
域。

(3) Aのオランダなどでウの酪農，Bのドイツや
フランス北部などでエの混合農業，Cのイタリア
などの地中海沿岸地域でアの地中海式農業がさか
んである。

(4) ⑤イギリスは2016年の国民投票によってEU
離脱が決定し，2020年1月31日（日本時間2月

1日）に正式に離脱した。

4 (1) キリスト教

(2) Aウ　　Bア　　(3) イ

解説 (1) キリスト教は，ヨーロッパのほとんどの
国で信仰されており，文化や生活などさまざまな
場面で影響を与えている。

5 (1) サヘル

(2) ①ギニア湾　　②輸出

③プランテーション

(3) 記号…E　国名…南アフリカ共和国

(4) Ⅰ E　　Ⅱ A

解説 (1) サヘルでは，まきの採りすぎや過放牧
による砂漠化が深刻である。

(2) ギニア湾岸では，高温多湿の気候からカカオ
の栽培がさかんであり，そのほとんどが輸出され
ている。

(4) Eの南アフリカ共和国はアフリカ最大の工業
国である。Aのナイジェリアはアフリカ最大の原
油産出国（2019年）である。

---

7 北アメリカ州

Step 1 基礎力チェック問題（p.44-45）

1 (1) ロッキー　　(2) ヒスパニック　　(3) 企業的

(4) 適地適作　　(5) サンベルト

解説 (1) 北アメリカ大陸は西部にロッキー山脈，
東部にアパラチア山脈がある。

(5) 北緯37度付近から南に位置する地域をサンベ
ルトと呼ぶ。

2 (1) Aロッキー山脈　　Bアパラチア山脈

Cミシシッピ川　　(2) Dエ　　Eア

(3) Ⅰウ　　Ⅱイ　　Ⅲア

(4) 大量生産・大量消費

解説 (2) ロッキー山脈の東側に，順にグレートプ
レーンズ，プレーリー，中央平原が位置している。

(3) 雨温図Ⅰは温暖湿潤気候のニューヨーク，Ⅱ
は地中海性気候のロサンゼルス，Ⅲは冷帯（亜寒
帯）のアンカレジである。

3 (1) Aウ　　Bア　　(2) 適地適作

(3) サンベルト

解説 (1)(2) アメリカには自然条件が異なる広大な

土地がある。それぞれの自然条件に適した農作物が栽培されている。

(3) Cは北緯37度の緯線である。

1 (1) ネイティブアメリカン　(2) スペイン語

(3) アフリカ大陸　(4) イ

解説 (2) ヒスパニックは，メキシコ，中央アメリカ，西インド諸島などの国々からやってきたスペイン語を話す移民とその子孫をいう。

2 (1) イ・ウ（順不同）

(2) ①C　②B　③D

(3) ①オ　②ア　③エ

(4) 例 世界の穀物の流通に大きな影響力をもつ大企業。

解説 (2) A酪農，B小麦，Cとうもろこし・大豆，D綿花である。

(3)
> ミス対策 輸出割合であることに注意する。①輸出国上位のロシアやオーストラリアに着目する。③ブラジル・アメリカ合衆国・アルゼンチンで8割以上を占めるので大豆。綿花の輸出国はアメリカ合衆国についでインドが入る。米の輸出国はインド・タイ・ベトナムなどが上位を占める。

(4) 穀物メジャーとは，世界の穀物市場を支配する巨大な商社をいう。

3 (1) ×ウ　△オ　●ア

(2) ①イ・サンフランシスコ（サンノゼ）

②エ・ヒューストン

(3) 例 賃金の安い海外の国々との競争に勝てなくなったから。

解説 (1) ×の鉄鉱石は五大湖周辺のメサビ鉄山などが有名。△の石油はメキシコ湾岸やカリフォルニアなどに大油田がある。●の石炭はアパラチア炭田が有名。

(2) ①シリコンバレーは情報通信技術（ICT）関連産業の企業が集中している地区である。②ヒューストンはサンベルトの中心都市の1つ。

(4) (1) 例 農家1人あたりの耕地面積が広く，機械を使った大規模経営で農家1人あたりの穀

物生産量が多い。

(2) 例 車社会であるアメリカ合衆国は，ガソリン消費量が多く，二酸化炭素排出量も多い。

解説 (1) アメリカ合衆国の1人あたりの耕地面積は日本の約36倍あり，1人あたりの穀物生産量は日本の約39倍ある。

(2) 二酸化炭素は地球温暖化の原因となる。

8 南アメリカ州・オセアニア州

1 (1) アンデス　(2) ポルトガル

(3) コーヒー豆　(4) パンパ　(5) 乾燥帯

(6) アボリジニ　(7) 羊

解説 (2) 南アメリカ州は，16世紀以降，ブラジルはポルトガルの植民地に，ほかの多くの国はスペインの植民地になった。

2 (1) Aアンデス山脈　Bアマゾン川

Cラプラタ川

(2) I ウ　II ア　III イ

(3) スペイン，ポルトガル（順不同）

(4) ⓓ　(5) ア・エ・カ（順不同）

解説 (2) Iは温暖湿潤気候のブエノスアイレスの雨温図。南半球は6〜8月が冬，12〜2月が夏である。IIは高山気候のアンデス山中のカニャル。IIIは熱帯雨林気候のマナオス。

(3) 16世紀前半，スペインはメキシコのアステカ王国やアンデス山中に栄えていたインカ帝国を滅ぼして中・南アメリカをほぼ支配し，のちに植民地とした。ブラジルはポルトガルが植民地とした。

(4) ラプラタ川流域に広がる。

3 (1) イギリス　(2) マオリ

(3) 白豪主義　(4) 鉄鉱石

解説 (1) オーストラリアやニュージーランドはイギリス連邦に加盟している。

(4) オーストラリア北西部は鉄鉱石，北東部・南東部は石炭の産出が多い。

1 (1) B

(2) バイオ燃料（バイオエタノール）

(3) Ⅰウ　　Ⅱイ

(4) メスチソ（メスチーソ）

解説 (1) Ｘはブラジル。日本も多くのコーヒー豆を輸入している。Ａのコロンビアもコーヒー豆の生産がさかんである。

(3) Ⅰブラジルの鉄鉱石はカラジャス鉄山やイタビラ鉄山などで産出する。ブラジルの輸出品は，1980年代まではコーヒー豆が上位に入っていたが，現在はコーヒー豆の割合は下がっている。Ⅱ Ｅのチリは世界一の銅の産出国。

2 (1) Ａウ　　Ｂオ　　Ｃア

(2) 乾燥帯　　(3) ⓐ鉄鉱石　　ⓑ石炭

解説 (1) 羊は南東部と南西部で，牛は北東部で主に飼育されている。小麦は比較的降水のある地域で栽培される。

(2) オーストラリア大陸の内陸部はほとんどが砂漠で乾燥帯の気候である。

(3) ┃ミス対策┃ オーストラリア大陸の北東部と南東部で石炭，北西部で鉄鉱石を産出。鉄鉱石・石炭ともに，日本の最大の輸入相手国はオーストラリアである。

3 (1) イ・ブラジリア　　(2) アマゾン川

(3) 焼畑農業　　(4) 熱帯林（熱帯雨林）の減少

(5) 例 アマゾン川流域の大規模な開発が始まり，熱帯雨林が伐採されるようになったから。

解説 (1) 内陸部に建設された計画都市である。

(5) 生物多様性が失われ，環境の破壊につながる。

4 (1) アボリジニ

(2) 例 白豪主義を採っていたから。

(3) 例 さまざまな文化が共存し，互いを尊重し合う社会。

解説 (2) アジア系の移民は厳しく制限されていた。

定期テスト予想問題 ③ （p.52-55）

1 (1) Ａロッキー山脈　　Ｂアパラチア山脈
　　Ｃアンデス山脈　　Ｄミシシッピ川
　　Ｅアマゾン川　　Ｆラプラタ川

(2) Ｇグレートプレーンズ　　Ｈプレーリー
　　Ｉパンパ

(3) Ⅰウ　　Ⅱオ　　Ⅲエ

(4) キリスト教　　(5) APEC（エイペック）

(6) ①ⓔ・オセアニア　　②ⓒ・南アメリカ
　　③ⓑ・北アメリカ　　④ⓓ・南アメリカ

解説 (3) Ⅰはウのニューヨーク，Ⅱはオのシドニー，Ⅲはエのカニヤルの雨温図である。

(5) アジア太平洋経済協力会議の略称。

(6) ①はオーストラリア，②はエクアドル，③はアメリカ合衆国，④はブラジルである。

2 (1) ①オタワ　　②ウ

(2) ①ワシントンD.C.　　②ア・エ（順不同）
　　③Ⅰエ　　Ⅱウ　　Ⅲイ
　　④ⓐ・サンフランシスコ（サンノゼ）

(3) ①メキシコシティ　　②ヒスパニック

(4) Ⅳ C　　Ⅴ B　　Ⅵ A

解説 (1) ②カナダは，かつてイギリスやフランスの植民地だった。

(2) ③グラフⅠは綿花，Ⅱはとうもろこし，Ⅲは小麦の生産割合を示している。

(3) ①Ｃ国はメキシコで，首都はメキシコシティ。

3 (1) Ｘエ　　Ｙイ　　(2) ウ

(3) ①ブラジリア　　②ウ　　③コーヒー豆
　　④熱帯林（熱帯雨林）の減少
　　⑤バイオ燃料（バイオエタノール）

(4) Ａイ　　Ｂウ　　Ｃオ　　Ｄア　　Ｅカ

(5) ウ

解説 (1) 南アメリカは，ブラジルがポルトガル，他のほとんどの国がスペインの植民地であった。

(2) Ｅ国の多くをⓐが占めていることに着目。Ｅ国はアルゼンチンでⓐはヨーロッパ系である。

(3) ①Ａ国はブラジルで首都はブラジリア。②リオのカーニバルが開かれるのはリオデジャネイロ。④Ｐの川は世界一の流域面積をもつアマゾン川で，流域には熱帯雨林が広がる。大規模開発による熱帯雨林の減少，水資源の枯渇，生態系の破壊，地球温暖化などの問題が生じている。

(5) マチュピチュは15世紀のインカ帝国の遺跡で，ペルーの観光資源となっている。

4 (1) ポリネシア　　(2) ①ウ　　②イ

(3) ①ウ　　②ア　　③イ　　④エ

(4) 白豪主義　　(5) ウ

(6) 例 1960年は羊毛が主要な輸出品だった

が，現在では石炭や鉄鉱石などの原料が輸出品の中心になった。

解説 (3) オーストラリアは内陸部の乾燥地域で牧羊や牧牛，比較的降水のある南部の沿岸部で酪農や小麦の栽培などが行われている。

(6) 近年，輸出品では鉄鉱石や石炭の占める割合が高くなっており，日本にも輸出されている。日本にはこのほか，液化天然ガスや肉類なども輸出されており，日本にとってオーストラリアは重要な貿易相手国である。

【1章】身近な地域の調査

1 身近な地域の調査

Step 1 基礎力チェック問題 (p.56-57)

1 (1) 仮説　(2) ルートマップ
(3) 縮尺　(4) 小さい　(5) 分母
(6) 北　(7) 等高線　(8) 田，畑
(9) 緩やか　(10) 文献

解説 (4) 縮尺が2万5千分の1と5万分の1の地形図が一般的。縮尺の分母が大きいほど縮尺は小さくなり，広範囲を表すことができる。

2 (1) ① エ　② イ　③ ウ　④ ア
(2) ルートマップ

解説 (1) 聞き取り調査は，調査項目にふさわしい場所を選択することが大切。調査の方法には，聞き取り調査のほかに文献資料による調査がある。多くの資料は図書館で入手することができる。また，統計資料などが必要なときには，市区町村の役所を利用するとよい。インターネットでも多くの情報を得られるが，信頼できる情報源から正確な情報を得る必要がある。

3 (1) 2万5千分の1　(2) イ
(3) 540 m　(4) 扇状地　(5) 500 m

解説 (1) 等高線の数字に注目する。標高450 mと500 mの間に等高線（主曲線）が4本あることから，この地形図の等高線は10 mごとに引かれているとわかるので，2万5千分の1の地形図。
(2) 地図上に方位記号がないときは，上が北。
(3) A点は500 mの等高線（計曲線）から4本高

い等高線上にある。この地形図では等高線は10 mごとに引かれているので標高540 mである。
(5) 実際の距離は「地図上の長さ×縮尺の分母」で計算する。2 cm×25000＝50000 cm＝500 m。問題文に合わせて単位を直そう。

4 (1) エ　(2) イ

Step 2 実力完成問題 (p.58-59)

1 (1) ① 5万分の1　② 等高線（の間隔）
(2) 扇状地　(3) C　(4) ウ　(5) ア

解説 (3) 「最も傾斜が緩やか」であるから，最も等高線の間隔が広いCである。

(4) 　ミス対策　地図記号には旅館や民宿を表すものはないので，地形図からはウの内容はわからない。

(5) アンケート調査の対象はスキー客である。エのはくば駅の乗降客はスキー客だけとは限らない。アのスキー場のリフトの利用客はほぼすべてがスキー客と考えられる。

2 (1) ウ　(2) 5万分の1
(3) 北西（から）南東（へ）

解説 (1) 図Ⅰの地形図には　（桑畑）が多いことを読み取る。図Ⅱの地形図には　（畑）や　（田），建物が多い。果樹園と茶畑はみられないので，正解はウ。
(2) 「実際の距離＝地図上の長さ×縮尺の分母」なので，800 m（800000 mm）＝16 mm×xから求めることができる。

3 イ

解説 ヒントにもあるとおり，「コースを円と仮定」しているので，円周を求めればよい。直径4 cmの円周は，4 cm×3.14（円周率）＝12.56 cm。これは地図上の長さなので，実際の距離は12.56 cm×50000（縮尺の分母）＝628000 cm＝6280 m＝6.28 km。答えはイの6 kmになる。

2 日本の自然環境の特色

Step 1 基礎力チェック問題 （p.60-61）

① (1) 環太平洋　(2) 4分の3
　(3) 黒潮（日本海流），親潮（千島海流）
　(4) 季節風
　(5) ハザードマップ（防災マップ）

解説 (4) 夏は太平洋から暖かく湿った季節風が，冬はシベリアから冷たい季節風が吹き込む。

② (1) (環太平洋) 造山帯（変動帯）
　(2) 日本アルプス（日本の屋根）
　(3) フォッサマグナ　(4) リアス海岸
　(5) 黒潮（日本海流）

解説 (2) 標高3000m前後の山々が連なっている。
(3) フォッサマグナの西端は，新潟県糸魚川市と静岡県静岡市を結ぶ線になる。糸魚川－静岡構造線とも呼ばれている。
(5) 太平洋沖を赤道付近から北上してくる暖流である。

③ (1) A 北海道　B 太平洋側
　　C 中央高地（内陸性，内陸）　D 日本海側
　　E 瀬戸内　F 南西諸島
　(2) 季節風

解説 (1) 北海道の気候は，冬の気温が低く降水量が少ない冷帯（亜寒帯）の気候。南西諸島の気候は，1年を通して暖かく降水量も多い亜熱帯の気候。B・C・D・Eの気候は温帯に分類される。

④ (1) イ　(2) ボランティア(活動)

解説 (2) 災害が発生すると，国や地方自治体が中心となって救助・救援活動を行うが，一般の人々が自主的に被災地の人々を支えるボランティア活動も行われる。

Step 2 実力完成問題　（p.62-63）

① (1) ア　(2) ア　(3) エ
　(4) 例 河口からの距離が短く，傾斜が急であること。

解説 (1) 北から飛騨山脈・木曽山脈・赤石山脈。アの越後山脈は，新潟県と福島県・群馬県の県境

に連なる山脈である。
(2) アのアンデス山脈は，南アメリカ大陸の西側に連なる山脈。
(3)
> ミス対策 ⓐは寒流のリマン海流，ⓘは暖流の対馬海流，ⓤは寒流の親潮（千島海流）。
> 北から南に流れる海流は寒流，南から北に流れる海流は暖流である。

(4) 日本の利根川や信濃川は，河口からの距離が1000m以下であり，標高2000m以上から流れ出していることが資料から読み取れる。高所から流れ出し，すぐに海に注ぐので傾斜が急になる。

② (1) ウ　(2) 温暖湿潤気候
　(3) 梅雨

解説 (1) Aは太平洋から季節風が吹いてくるので夏，Bは大陸から日本海上を季節風が吹いてくるので冬である。

③ (1) W ア　X エ　Y イ　Z オ
　(2) 冷害
　(3) 例 災害時，地域の人々と助け合うこと。

解説 (1) Wは東日本大震災を引き起こした東北地方太平洋沖地震の震源地。Xは東京都に属する伊豆諸島の三宅島。Yは阪神・淡路大震災が起きた兵庫県淡路島北西部。Zは長崎県の雲仙岳（普賢岳）。
(3) 公助は国や都道府県，市町村や消防・警察などの公的な支援・救助をいう。自助は日ごろから災害に備えるなど自分で自分の身を守ること。

④ 札幌市－エ　鳥取市－ウ

解説 冬の気温がほかより低いエが北海道の気候（札幌市）。冬に降水量の多いウが日本海側の気候（鳥取市）。アとイはともに年間を通じて降水量が少ない気候だが，冬の気温が低いアが中央高地（内陸性，内陸）の気候（松本市），冬の気温が比較的高いイが瀬戸内の気候（高松市）。

3 日本の人口/資源の特色

Step 1 基礎力チェック問題 （p.64-65）

① (1) 人口密度　(2) つぼ型
　(3) 三大都市圏　(4) 過密，過疎（化）
　(5) 石油（原油）　(6) 火力

解説 (2) 人口ピラミッドは，国や地域の男女別・年齢層別の人口構成を表したグラフである。

(6) 発電には，火力発電，水力発電，原子力発電，再生可能エネルギーを利用した太陽光発電・風力発電などがある。

2 (1) Aウ　Bア　Cイ

(2) B→A→C　(3) 高齢(化)社会　(4) 過疎

解説 (1) 人口ピラミッドの富士山型は出生率と死亡率がともに高く発展途上国に多く見られる。出生率と死亡率がともに下がり少子高齢化が進むとつりがね型になり，さらに進むとつぼ型になる。

(4) 日本では高齢化が進んでいるが，とくに農村部から若者が都市部へ流出して，高齢化と人口減少が進んでいる。

3 (1) A石炭　B石油（原油）　C鉄鉱石

(2) 原子力（発電）

(3) ①地熱発電　②風力発電

解説 (1) AとCはどちらもオーストラリアが1位だが，2位以下に注目して，インドネシア・ロシアであれば石炭，ブラジルであれば鉄鉱石である。

(2) 日本の原子力発電は，2011年3月の東日本大震災での原子力発電所の事故をきっかけに，発電所の停止や見直しが行われ，発電量の割合は低下している。

(3) 太陽光や風力，地熱は再生可能エネルギーであり，二酸化炭素を排出しないクリーンなエネルギーである。

Step 2　実力完成問題　（p.66-67）

1 (1) イ・エ

(2) ①東京（23区）　②大阪　③名古屋

(3) 都心回帰　(4) イ

(5) ①A　②B　③B　④A　⑤B　⑥A

(6) 例 都市部の出身者が地方に移り住むこと。

解説 (2) 東京・大阪・名古屋を中心とした都市圏は，日本の三大都市圏である。

(3) 大都市の中心部で，古い建物をこわすなどして計画的に開発し直す都市再開発によって，高層ビルの建設が進んだ。

(4)
ミス対策 人口が100万人以上の都市は，日本に12ある（2020年）。地方中枢都市は，

各地方の中心となる都市で，札幌・仙台・広島・福岡など。政令指定都市は，人口50万人以上で政令によって定められた都市をいう。

(5) 過密地域では交通渋滞，騒音，大気汚染，ごみ処理場の不足などの問題が起きる。過疎地域では若い人が仕事を求めて都市部へ出て行き，人口が減少して経済活動が衰退したり，公共交通機関や医療機関がなくなったりして，地域社会を維持することが難しくなるなどの問題が起きる。

(6) Uターンは，地方から都市部に移住した者が，再び地方の生まれ故郷に戻る現象。

2 (1) イ

(2) 例 燃料の輸入に便利な臨海部で，電力需要の多い都市の近くに分布している。

(3) フランス－B　ブラジル－D

解説 (1) 水力発電は，水が高いところから低いところへ落ちるときのエネルギーを利用して発電する。

(2) 日本は火力発電の燃料となる石油・石炭・天然ガスなどの，ほとんどを輸入に頼っている。

(3) フランスは原子力発電の割合が高い。ブラジルは水資源が豊富で，水力発電の割合が高い。Aはロシア連邦，Cは日本。日本は，東日本大震災の原子力発電所の事故以降，火力発電の割合が非常に高い。

3 (1) Aエ　Bイ

(2) 二酸化炭素（温室効果ガス）

解説 (2) 石炭・石油・天然ガスなどの化石燃料の消費は，地表や大気を暖める作用のある温室効果ガスを大気中に放出する。温室効果ガスには，二酸化炭素・メタンなどがある。

4　日本の産業/世界と日本の結びつき

Step 1　基礎力チェック問題 （p.68-69）

1 (1) 近郊　(2) 小麦　(3) 育てる

(4) 機械工業，工業団地

解説 (2) 日本の食料自給率は，37％（2018年）で低いが，米はほぼ100％自給できている。

2 (1) 促成栽培　(2) 近郊農業　(3) B
(4) 遠洋漁業　(5) 栽培漁業

解説 (3) 日本の漁獲量が大きく減少するのに伴い, 1980年代後半以降, 輸入量は急激に増加した。
(4) 海岸線から200海里以内の範囲の水産資源や鉱産資源の権利が沿岸国に認められる排他的経済水域を各国が設定するようになって, 遠洋漁業は自由に行えなくなった。Aは沖合漁業, Dは沿岸漁業。

3 (1) 太平洋ベルト　(2) 第三次産業

解説 (2) 日本の産業別就業人口は, 第三次産業が70%以上を占め, 都市部ではとくにこの割合が高い。

4 (1) B　(2) ウ

Step 2 実力完成問題　(p.70-71)

1 (1) @ア　ⓑエ　(2) 促成栽培　(3) E

解説 (1) みかんは温暖な気候の地域で栽培がさかんで, 和歌山県・愛媛県・静岡県が主な産地である。りんごは冷涼な気候の地域で栽培がさかんで, 青森県・長野県が主な産地。
(2)(3) 促成栽培がさかんな地域は, 高知平野や宮崎平野など。

2 (1) A京浜　B中京　C阪神　D瀬戸内
(2) B　(3) 加工貿易
(4) 例 国内の産業の生産力が下がり, 衰えていくこと。

解説 (2) 豊田市などがある中京工業地帯は, 自動車を中心とする機械工業がとくにさかんである。
(3) 日本は工業用の原料・燃料がとぼしいので, それらを輸入し, 高い技術力で加工した製品を輸出してきた。
(4) 工場を海外に移転して生産するようになると, 日本国内の製造業は衰退し, 働く場がなくなる。

3 (1) ①C・東海道　②A・九州　③E・東北
(2) 高速道路
(3) 例 原料となる鉄鉱石や石炭の輸入と製品の輸出に便利なため。
(4) 自動車

解説
(1) ミス対策 2015年に北陸新幹線が東京～金沢間で開通し, 2016年には北海道新幹線が新青森～新函館北斗間で開通, 旅客輸送

の交通網がよりいっそう整備された。

(4) 高速道路網の発達によって, 国内の貨物輸送や旅客輸送に占める自動車輸送の割合が高くなっている。

4 イ

解説 過疎地域では, 利用者の減少から採算が合わずに公共交通機関が廃止されるなどして, 住民の生活が不便になる地域もある。

定期テスト予想問題④　(p.72-75)

1 (1) ①ウ　②ア　③イ
(2) ルートマップ

解説 (1) ②農家の人に直接質問することで, 本や統計資料からはわからない工夫などを聞くことができる。
(2) ほかに, フィールドノート・筆記用具, カメラ・ビデオなどを用意しておくと, 調査結果をまとめるときに便利である。

2 (1) イ　(2) イ
(3)

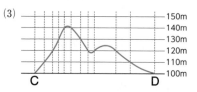

解説 (1) 地形図上での面積が1cm²なので, 敷地の1辺は地形図上で1cm。敷地の1辺の実際の距離は, 1(cm)×25000(縮尺の分母)=25000(cm)=250(m)。実際の敷地面積は, 250(m)×250(m)=62500(m²) となる。
(2) 2万5千分の1の地形図上での2(cm)は, 実際の距離にすると, 2(cm)×25000=50000(cm)=500(m)となる。次にA－Bの南側(下)に, ⊗(警察署)があり, ⌒(果樹園)はA－Bの北側(上)にあるので, 正解はイ。
(3) C－Dの線と等高線との交点を破線にそって垂直に下ろし, 解答欄の右側の数字を見て, それぞれの標高の交点をつなげば断面図がかける。

3 (1) ①環太平洋　②アルプス・ヒマラヤ
(2) ウ　(3) リアス海岸　(4) い
(5) 扇状地　(6) イ　(7) ①ウ　②カ
(8) ハザードマップ(防災マップ)　(9) 減災

解説 (2) 奥羽山脈は，東北地方の中央を南北に連なる山脈である。

(3) リアス海岸は，山地の谷であったところに海水が入り込んでできた。

(6) aは神戸市。1995年1月に兵庫県南部を震源とする地震が発生して大きな被害を出した。

(7) ①は年間降水量が少なく，冬の寒さが厳しい中央高地（内陸性，内陸）の気候で，ウの松本市。②は年降水量が多く，冬でも温暖な南西諸島の気候で，カの那覇市。

(8) ハザードマップには，自然災害による被害の予測とともに避難場所や防災関連施設などの情報が示されている。

4 (1) ①富士山　②少子高齢　(2) 過疎地域
(3) 例 労働力の不足（社会保障の費用の不足）

解説 (3) 少子高齢社会では，労働人口が減って産業の活力が失われる，多くの高齢者の生活を支える社会保障費を少ない労働人口で負担しなければならなくなるなどの問題が生まれる。

5 (1) ①ウ　②ア　③イ
(2) ①ウ　②イ
(3) 例 太陽光・風力・地熱・バイオマス燃料などから1つ

解説 (2) ①オーストラリアが最大の輸入相手国で，2位がブラジルなので鉄鉱石と判断する。石炭もオーストラリアが最大の輸入相手国だが，2位以下はインドネシア・ロシアなど。天然ガスもオーストラリアが最大の輸入相手国だが，2位以下はマレーシア・カタールなど。②サウジアラビアなどの西アジア諸国がほとんどを占めているので石油。

6 (1) ①オ　②イ　③エ　④ア
(2) 養殖業（養殖漁業）　(3) 育てる漁業
(4) aア　bイ
(5) ①海外（外国）　②空洞化
(6) aエ　bイ　(7) aイ　bア

解説 (1) アは越後平野（新潟県），イは根釧台地（北海道），ウは甲府盆地（山梨県），エは淡路島（兵庫県），オは高知平野（高知県）と宮崎平野（宮崎県），カはシラス台地（鹿児島県・宮崎県）。

(4) aの京浜工業地帯は機械工業の割合が高く，金属工業の割合は低い。bの北九州工業地域（地帯）は金属工業と食料品工業の割合がaよりも高い。

(6) 日本の輸出品は機械類や自動車が多く，輸入品は機械類のほか，石油・液化ガスや石炭などの原料・燃料が多い。

(7) 貨物輸送・旅客輸送ともに，現在は自動車が中心となり，鉄道の割合は大きく低下している。

【3章】日本の諸地域

5 九州地方

Step 1 基礎力チェック問題 (p.76-77)

1 (1) カルデラ　(2) 筑紫平野
(3) 促成栽培　(4) エコタウン
(5) 琉球

解説 (1) 阿蘇山のカルデラは世界最大級で，カルデラ内には町があり，鉄道や道路も走っている。
(4) 廃棄物を再び原料として活用し，資源循環型の社会をつくる事業をいう。
(5) 沖縄は，15世紀に琉球王国が建国され，日本や中国，東南アジアとの交易で繁栄した。

2 (1) ア　(2) イ　(3) 宮崎平野　(4) ア

解説 (1) イは雲仙岳，ウは霧島山，エは桜島（御岳）で，いずれも火山。
(3) Bの宮崎平野は冬でも温暖な気候である。
(4) Cは福岡県。「あまおう」などのいちご栽培がさかんである。

3 (1) ア　(2) ウ　(3) 水俣病
(4) ウ　(5) さんご礁

解説 (3) Xの水俣市では，化学工場が排出したメチル水銀によって水俣病が発生した。水俣市は2008年に環境モデル都市に指定された。
(4) さとうきびは暖かい沖縄県や鹿児島県で栽培される。

Step 2 実力完成問題 (p.78-79)

1 (1) aエ　bイ　cウ　dア
(2) 地熱発電　(3) イ

解説 (2) 地熱発電は，再生可能エネルギーの一つである。
(3) 九州地方の太平洋側を流れる暖流の黒潮は日本海流とも呼ばれる。

② (1) ①C ②A ③B

(2) 例 強風に備えて家の周りを石垣で囲んでいる（かわらは吹き飛ばされないようにしっくいで固めてある。）

(3) 例 ほかの産地よりも早い時期に出荷するので、高く売れること。

解説

(1)

> ミス対策 ①Cは鹿児島県。シラス台地が広がっている。②Aは福岡県。筑紫平野が広がる南部は、稲作地帯になっている。③Bは長崎県。海岸線が複雑で、丘陵地が多い。

(2) 近年は写真のような伝統的な住居は少なくなり、コンクリートづくりの丈夫な住居が多い。

(3) Xの宮崎平野では、ビニールハウスや温室を使った野菜の促成栽培がさかん。

③ (1) ①八幡製鉄所 ②北九州工業地帯
③大気汚染（水質汚濁） (2) イ

(3) ①エコタウン
②持続可能な開発

解説 (1) ①Aは北九州市。②北九州工業地帯は、付近の筑豊炭田から石炭が豊富にとれ、鉄鉱石の輸入先である中国にも近かったことから鉄鋼業を中心に、四大工業地帯の一つとして発展した。しかし、エネルギー革命の影響などから優位性が失われ、工業出荷額が伸び悩んだ。③北九州市では大気汚染や洞海湾の水質汚濁が深刻になったが、市、企業、市民が一体となって環境問題に取り組み、2008年に環境モデル都市に指定された。

(3) ②SDGsは、2015年に国連で採択された「持続可能な開発目標」で、2030年までに世界が達成するべき17の目標が示されている。

④ 環境基本法

解説 公害対策基本法では地球規模で進む環境問題に対応できなくなったため、環境基本法が制定された。

6 中国・四国地方

Step 1 基礎力チェック問題 （p.80-81）

① (1) 瀬戸内 (2) 山陽 (3) 高知平野

(4) 過疎

解説 (1) 山陰・瀬戸内・南四国の3つの地域は、気候が大きく異なる。

(2) 山陽新幹線は、新大阪駅と博多駅を結んでいる。

② (1) A中国山地 B瀬戸内海 C四国山地

(2) 山陰 (3) ウ (4) 本州四国連絡橋

(5) イ

解説 (3) 水不足になりがちな讃岐平野では、古くからため池をつくって農業用水を確保してきた。

(5) イは広島市で、人口約120万人（2020年）の中国・四国地方最大の都市である。世界で最初の被爆都市である広島市は、平和記念都市として核兵器の廃絶を世界に訴えている。

③ (1) 促成栽培 (2) 石油化学コンビナート

(3) 地域おこし（町おこし・村おこし）

解説 (1) Aは高知平野で、宮崎平野とともに促成栽培がさかんな地域である。冬でも温暖なので、ビニールハウスや温室の暖房費が安くてすむ。

(2) 石油化学コンビナートでは、石油化学に関連する工場がパイプラインで結ばれて、原料から製品までをつくる。

Step 2 実力完成問題 （p.82-83）

① (1) ①季節風
② 例 雨や雪が多く降るので降水量が多くなる。

(2) Aエ Bウ Cア

(3) ①Yウ Zエ
② 例 海岸線が複雑に入り組んでおり、湾内は波がおだやかである。

(4) X塩田 Y埋め立て

(5) C

解説 (1) 冬に北西から吹く冷たい季節風が日本海で湿気を含む。その湿気を含んだ空気が中国山地にぶつかり、日本海側に雪や雨を降らせる。

(2)

> ミス対策 地図中のアは鳥取平野、イは岡山平野、ウは讃岐平野、エは高知平野。

(3) ①地図中のYは広島湾、Zは宇和海。
②養殖業は波がおだやかな湾に適した漁業である。そのため、リアス海岸が広がる三陸海岸や志

摩半島の英虞湾などでも養殖業がさかん。

(5) 水島地区は，岡山県倉敷市にある。地図中のcが倉敷市。aは山口県周南市，bは広島県広島市，dは愛媛県新居浜市。

2 (1) **ストロー現象**

(2) **例 フェリーの利用者が減り運航が停止されるなど，今までの交通手段がなくなったから。**

(3) **ア**　(4) ①**B**　②**A**　③**A**　④**A**

解説 (1) 交通網の整備は，中心都市と地方の時間距離を縮めるいっぽうで，地方や農村の過疎化をいっそう進めることもある。

(2) 本州四国連絡橋の3ルートが開通したことで，フェリーの運航便が減少したり，航路が廃止されたりした。

(3) 地図中のAは鳥取県，Bは広島県，Cは岡山県，Dは高知県。表中のアは人口が最も多く，工業出荷額も多いことから広島県と判断する。県庁所在地の広島市は地方中枢都市で，県全体の人口も多い。イは人口が最も少なく，工業出荷額も少ないことから鳥取県。鳥取県は日本で最も人口が少ない都道府県。ウは人口，工業出荷額，農業産出額ともに多いことから岡山県。岡山県は倉敷市の水島地区などで工業がさかん。エは人口が少なく，工業出荷額が最も少ないことから高知県。

3 **エ**

解説 資料から，高知県は65歳以上の割合がとくに高い。高齢化が進んでいるので，人口ピラミッドの形からエと判断する。

7　近畿地方

Step 1　基礎力チェック問題 (p.84-85)

1 (1) **大阪**　(2) **阪神工業地帯**

(3) **世界遺産（世界文化遺産）**　(4) **琵琶湖**

解説 (1)(2) 第二次世界大戦後，大阪湾の臨海部を中心に重化学工業が発達した。

(3) 奈良や京都には都が置かれていたので，神社仏閣や文化財が多い。

2 (1) ①**志摩半島**　②**リアス海岸**

(2) **琵琶湖**　(3) **中小企業**　(4) **c**

解説 (1) 近畿地方では，北部の若狭湾沿岸でもリ

アス海岸がみられる。

(2) 琵琶湖は近畿地方の水がめともいわれる。飲料水などの生活用水，工業用水，農業用水に利用されている。

(3) 東大阪市には中小企業がとても多く，人工衛星を開発するなどの高い技術を持った工場がある。

(4) 雨温図を見ると，冬でも比較的気温が高く，降水量が多いので，cの尾鷲と判断する。aは舞鶴で，冬に降水量が多い日本海側の気候。bは大阪。

3 (1) **Aウ**　**Bア**　**Cイ**

(2) **ア・エ**（順不同）　(3) **イ**

解説 (2) Xは紀伊山地。黒潮や夏の季節風の影響を受け，温暖で雨が多いため，樹木の成長が早い。イの天竜すぎは静岡県，ウの木曽ひのきは長野県でみられる森林である。

(3) イの美濃焼は岐阜県の伝統的工芸品。美濃は岐阜県南部の旧国名。アの清水焼は京都府，ウの信楽焼は滋賀県，エの丹波立杭焼は兵庫県の伝統的工芸品。

Step 2　実力完成問題 (p.86-87)

1 (1) **②**　(2) **③**　(3) **①**

解説

> **ミス対策** (1) 文中の人工島は「ポートアイランド」。「六甲アイランド」も同じ方法でつくられた人工島。(2) 京都は，794年に平安京がおかれてから1000年以上，都であった。(3) 大阪湾の一部を埋め立ててつくられた人工島に関西国際空港（泉佐野市など）がある。

2 (1) **ア**　(2) **エ**

(3) ①**エ**

②**例 ビルの高さを制限したり，景観をそこなわない店構えにしたりするなどの条例を制定している。**

解説 (1) 輸送用機械と電子部品の割合が高いことに着目する。三重県の鈴鹿市では，自動車工業が発達し，亀山市には，液晶などの電子部品の工場が多い。イの兵庫県は，姫路市などでさかんな鉄鋼業の割合が高い。ウの大阪府は化学工業の割合が高い。

(3) 祇園祭は，京都市で7月に行われる祭りで，豪華な山鉾（山車）が街の中をめぐるなど，さまざまな出し物がある。アの岸和田だんじり祭は大阪府岸和田市の祭り，イのねぶた祭は青森県青森市の祭り，ウの博多どんたくは福岡県福岡市の祭り（博多は福岡市にある）。

③ (1) ①滋賀県　　②エ

(2) イ

(3) 例 外国からの安い木材の輸入が増えたため。

解説 (1) ②1970年代以降，琵琶湖に工場廃水や生活排水が大量に流れ込み，赤潮やアオコが発生するようになった。琵琶湖の環境保全のためのさまざまな取り組みが行われている。

④ 記号ーい　県名ー三重県

解説 表中のb・cは海面漁業生産量がないことから内陸県である。dは人口と化学工業製品出荷額が最も多いことから，えの兵庫県。

8 中部地方

Step 1 基礎力チェック問題 (p.88-89)

① (1) 濃尾平野　(2) 茶　(3) 豊田市

(4) ぶどう　(5) 米

解説 (1) 濃尾平野は，木曽川，長良川，揖斐川が流れ込む伊勢湾に面している。
(2) 牧ノ原は温暖で水はけがよい土地で，茶の栽培に適している。
(4) 甲府盆地の周辺部には扇状地が広がり，水はけがよく土地は果樹栽培に適している。

② (1) 木曽山脈　(2) 濃尾平野　(3) 輪中

(4) リアス海岸　(5) 施設園芸農業

(6) エ

解説 (2) 岐阜県南部の旧国名の「美濃」と，愛知県西部の旧国名の「尾張」から一字ずつとり，「濃尾平野」と名付けられた。
(3) 濃尾平野の揖斐川・長良川・木曽川が合流する地域は水害が多く，輪中がつくられた。都市化の進展とともに，輪中は少なくなっている。
(5) Dは渥美半島。電照菊は，温室などで夜間に光を当てて花の咲く時期を遅らせ，秋から冬にかけて出荷する。施設園芸農業は，温室やビニール

ハウスなどの施設を使って野菜や花を栽培し都市の市場へ出荷する農業をいう。
(6) Eは豊田市。愛知県の豊田市には世界有数の自動車会社の本社があり，愛知県は輸送用機械（自動車など）の出荷額が日本一である。

③ (1) イ　　(2) イ　　(3) イ

解説 (2) イは長野県の八ケ岳山ろくにある川上村。この地域は高原野菜のレタスの栽培がさかんである。
(3) Bは福井県鯖江市。冬の副業として始まった眼鏡枠（フレーム）づくりは，国内生産量の約90%を占めるまでに成長した。

Step 2 実力完成問題 (p.90-91)

① (1) ウ

(2) 例 ほかの地域からの出荷が少ない時期に出荷することによって，高い値で売れる。

(3) 水田単作　(4) ①扇状地　②エ

(5) ア　(6) う

解説 (1) Aは信濃川で，流域に松本盆地，長野盆地，越後平野などを形成している。ウの濃尾平野は木曽川，長良川，揖斐川の下流域に広がる平野。
(2) 涼しい気候を利用して作物の生育を遅らせて夏を中心に出荷する。グラフ I を見ると，長野県のレタスの出荷量が多い6〜9月は，ほかの地域からの出荷量が少ない。
(4) ②Dの甲府盆地では，ぶどうやももの栽培がさかんで，ともに山梨県が生産量全国一である。グラフ II を見ると，ぶどうかももか迷うが，長野県が2位にきていたらぶどう，福島県が2位にきていたらももと覚えるとよい。
(6) うの焼津港は遠洋漁業の基地として古くから発展した。

② (1) ①B　②C　③D　④A

(2) A　(3) C・D（順不同）

解説

(1) ミス対策 ①は第二次世界大戦後に精密機械の工場が進出したことから長野県，④は雪解け水を利用した水力発電で富山県と判断できる。

(2) cは面積・人口・農業生産額・工業出荷額の

いずれも最小または最少であることに着目する。
aは面積が最も大きい長野県，**b**は工業出荷額が
2番目に大きいので東海工業地域のある静岡県，
dは人口が最多で工業出荷額も最大の愛知県である。

3 **ア**

解説 資料中の **I** は長野県や新潟県に事業所が多い。長野県は電子部品や精密機械の生産がさかんである。**II** は愛知・静岡県に事業所が多い。愛知・静岡県は自動車やオートバイなどの輸送用機械の生産がさかん。また，海に面しているため海上輸送に有利である。

定期テスト予想問題⑤　　（p.92-95）

1 (1) A**ウ**　　B**ア**
(2) ①**ウ**　　②**ア**　　③**イ**
(3) **ア**　(4) 八幡製鉄所　　(5) **ウ**
(6) SDGs未来都市　(7) **イ**
(8) 琉球王国

解説 (2) ①は「シラス台地」から**ウ**，②は**ア**の筑紫平野，③は**イ**の宮崎平野。
(3) 乳用牛と肉用牛はともに北海道が飼育頭数1位，卵用にわとりは茨城県や千葉県が飼育数上位を占める。
(4) **a**は福岡県北九州市。八幡製鉄所は，1901年に日本初の本格的な製鉄所として操業を開始した。
(5) **b**は熊本県水俣市で，化学工場が海に流した廃水中のメチル水銀が魚などに蓄積し，それを食べた近隣住民に被害が出た。
(7) 資料 **II** 中の**あ**の工場は高速道路沿いに分布している。IC（集積回路）工場は，高速道路沿いなどの交通の便のよい地域に進出している。

2 (1) ①山陰　　②瀬戸内　　③南四国
(2) ①**ウ**　　②**イ**　　③**ア**
(3) **b**　(4) **イ**　(5) **ウ**　(6) **ア**
(7) 瀬戸内工業地域　(8) 高齢（少子高齢）
(9) 地域おこし（町おこし，村おこし）

解説 (2) ①の山陰は日本海側の気候。②の瀬戸内は中国山地と四国山地にはさまれているため，季節風の影響を受けにくく，年間降水量が少ない。

エは北海道の気候の特色である。
(3) **b**の広島市（広島県）には，国の機関の支所や大企業の支店などが置かれ，中国・四国地方の政治・経済・文化の中心となっている。**a**は山口市（山口県），**c**は岡山市（岡山県），**d**は松山市（愛媛県）で，それぞれ県庁所在地である。
(6) ▲は山口県周南市と岡山県倉敷市（水島地区）の愛媛県新居浜市で，石油化学コンビナートが形成されている。
(7) 臨海型の工業地域には，原料・燃料の輸入や製品の輸出に大型の専用船を利用しやすいという利点がある。

3 (1) a**ア**　　b**ウ**　　c**カ**　(2) **イ**　(3) **ウ**
(4) ①B　　②C　　③D　　④A
(5) 再開発
(6) ①ニュータウン　　②昼間

解説 (2) イは三重県の志摩半島。
(3) 工場廃水や生活排水，農業排水が流れこんで水質汚濁が進んだが，四大公害病（水俣病・イタイイタイ病・新潟水俣病・四日市ぜんそく）の1つには入っていない。
(5) 第二次世界大戦後，大阪湾沿岸の埋め立て地では重化学工業が発達したが，産業構造の変化などで再開発が進められてきた。
(6) 大阪市を中心に人や物の移動で強いつながりをもつ大阪（京阪神）大都市圏が形成されている。

4 (1) a**イ**　　b**ウ**　　c**カ**　(2) 輪中
(3) ①**イ**　　②**ウ**　　③**エ**　　④**ア**
(4) **イ**　(5) **ウ**　(6) ②　(7) 豊田市
(8) 自動車　(9) ①**c**　　②**b**　　③**a**

解説 (1) cは日本アルプスの1つで中央アルプスとも呼ばれる木曽山脈。
(3) 地図中の**ア**は越後平野，**イ**は八ケ岳山ろくの野辺山原，**ウ**は甲府盆地，**エ**は牧ノ原である。
(5) eは福井県の鯖江市で，全国の眼鏡枠（フレーム）生産量の約9割を占める。**ア**の洋食器は新潟県燕市，**イ**のタオルは愛媛県今治市，**エ**のくつ下は奈良県広陵町などの地場産業である。
(6) 中京工業地帯と東海工業地域はどちらも機械工業の割合が高く，中京工業地帯はとくに高い。東海工業地域は食料品工業の割合が高いことが特徴。

(8) 名古屋港は自動車と自動車部品で輸出総額の4割以上を占める。

路などの高価で軽いものが輸出品の上位を占めている。これは航空輸送の特徴である。

③ (1) 例 輸送費が安く，短時間で届けられること。

(2) ウ　　(3) ア・ウ　　(4) ウ

解説 (1)「大消費地があるので，よく売れる。」「消費地まで近いので新鮮な農作物を届けられる。」などでも正解。

(2) Bは，印刷の割合が高いので，出版社や新聞社が多く，印刷業が発達しているウの東京都。Aは石油・石炭製品や化学の割合が高いので，臨海部に石油化学工場が多いエの千葉県。Cは輸送用機械の割合が高いので，高速道路沿いに自動車工場が進出しているアの群馬県。Dはイの茨城県。

(3)

> **ミス対策** 石油化学工業や鉄鋼業は，原料を輸入するため，臨海部に発達する。

④ (1) 例 ビルの冷房や自動車の排出する熱がたまること。

(2) 例 東京の周辺の都市では，昼間は東京の都心に通勤・通学し，夜間に帰って来る人が多いから。

解説 (1)「地表面がアスファルトなどで覆われ，緑地が少ないため。」「高層ビルが建ち並び風通しがよくないため。」などでも正解。

(2) 東京の都心部は過密で，地価が高く，家を持つのが難しいため，地価の安い周辺の都市に住み，都心部へ通勤・通学する人が多い。

9　関東地方

Step 1　基礎力チェック問題 （p.96-97）

① (1) 関東ローム　　(2) 利根川（とねがわ）
(3) 成田国際空港（なりた）　　(4) 多い　　(5) 近郊農業（きんこう）

解説 (3) 成田国際空港は千葉県成田市にある。東京国際空港は東京都大田区（おおた）にあり，羽田空港（はねだ）とも呼ばれる。

② (1) 関東平野　　(2) A越後（えちご）　　B利根
(3) ヒートアイランド

解説 (1) 日本最大の平野。

③ (1) 首都　　(2) 成田国際空港　　(3) ウ

解説 (2) 成田国際空港は，集積回路（IC）や精密機械などの高価で軽いものを中心に貿易額が国内最大である。

(3) 東京50キロ圏（けん）には約3400万人が住んでおり，日本の人口約1億2600万人の約4分の1である。

④ (1) ア　　(2) 京浜工業地帯　　(3) 京葉工業地域（けいよう）

解説 (1) Xは群馬県嬬恋村（つまごい）。キャベツなどの高原野菜の抑制栽培（よくせいさいばい）がさかんである。

(2) Aの神奈川県とBの東京都の臨海部に広がる京浜工業地帯は三大工業地帯の一つで，機械や化学工業がさかんで，印刷業に特色がある。

Step 2　実力完成問題　　（p.98-99）

① (1) 火山灰　　(2) ア
(3) 例 冷たく乾燥した風

解説 (1) 富士山（ふじさん）や浅間山（あさまやま）の噴火（ふんか）による火山灰が堆積（たいせき）してできた。

(3) 群馬県などの関東平野の内陸部では，からっ風を防ぐために，屋敷森（やしきもり）と呼ばれる防風林（ぼうふうりん）を周囲にめぐらす家がみられる。

② (1) Aエ　　Bア　　Cイ
(2) ①神奈川県　　②ニュータウン
③ターミナル駅
(3) �え

解説 (2) ②東京郊外（こうがい）の多摩（たま）などにつくられた。

(3) 資料3を見ると，半導体等製造装置や集積回

10　東北地方（とうほく）

Step 1　基礎力チェック問題 （p.100-101）

① (1) 奥羽山脈（おうう）　　(2) リアス海岸
(3) 竿燈まつり（かんとう）　　(4) 4分の1
(5) りんご　　(6) 工業団地

解説 (3) 竿燈まつりは，夏に秋田市で行われる祭り。ねぶた祭は青森市で行われる祭り。

(5) 青森県は，りんごの日本一の産地で，全国生産量の6割近くを生産している。

② (1) A奥羽　　B庄内（しょうない）　　C山形
(2) Ⅰイ　　Ⅱア　　(3) やませ
(4) リアス海岸　　(5) ア

解説 (2) 日本海側は冬に降水(雪)量が多い。

(3) 太平洋側は夏に，冷たく湿った北東の風(やませ)が吹く。

(4) 太平洋岸まで山と谷がせまり，複雑な海岸は天然の良港となっていて，漁業がさかんである。

③ (1) ①E　②B　③A　④D　(2) ア

解説 (1) ①は「さくらんぼ」からEの山形盆地。②は「きりたんぽ」からBの秋田平野。③は「りんご」からAの津軽平野。④は「地方中枢都市」からDの仙台平野。

Step 2　実力完成問題　(p.102-103)

① (1) b　(2) Aエ　Bウ　Cア　Dイ

(3) Aイ・秋田市　Bア・青森市

　　Cオ・仙台市　Dエ・山形市

解説 (1) やませは夏に北東から吹く。冷たく湿ったこの風の影響で，太平洋側は気温が上がらず冷害となることがある。

② (1) ア　(2) Aオ　Bイ

解説 (1) 東北地方は日本の穀倉地帯と呼ばれている。秋田平野や庄内平野，仙台平野などで稲作がとくにさかんである。イは中部地方，ウは関東地方，エは中国・四国地方である。

③ (1) 例 リアス海岸が発達していて，湾内は波が小さくおだやかだから。

(2) A東北新幹線　B秋田新幹線

　　C山形新幹線　D東北自動車道

(3) 例 高速道路に沿ったところ。

(4) ①カ　②ウ　③イ　(5) 副業

解説 (1) 三陸海岸南部は，代表的なリアス海岸で，わかめ・こんぶ・かきなどの養殖がさかん。また，湾が狭いため，津波の被害を受けやすく，東日本大震災では大打撃を受けた。

(3) 輸送に便利な高速道路沿いに工業団地がつくられ，半導体や電子部品，自動車などの工場が進出した。

④ (1) 記号－C　県名－岩手県

(2) ①重要無形民俗文化財

　　②例 農作物の豊かな実りを願い，農作物の収穫に感謝する気持ち。

解説 (2) ①青森ねぶた祭や秋田竿燈まつりなども指定されている。

11　北海道地方

Step 1　基礎力チェック問題　(p.104-105)

① (1) 冷帯　(2) 知床　(3) アイヌ

(4) 根釧　(5) 石狩　(6) 食品(食料品)

(7) 新千歳空港

解説 (6) 酪農がさかんで生乳をバターやチーズに加工したり，ほたてやこんぶなどの水産品を加工したりしている。

② (1) A日高　B石狩

　　C十勝　D根釧

(2) Iア　IIイ　(3) ア・イ　(4) b

(5) アイヌの人々(アイヌ民族)　(6) 屯田兵

解説 (2) Iは札幌市，IIは釧路市の雨温図である。

(3) ウは日本海側ではなく，太平洋側である。エは，冬に雪が多い日本海側である。

(5) 明治時代以降の開拓で，アイヌの人々は居住地を奪われた。

③ (1) 記号－ウ　空港名－新千歳空港

(2) 北海道新幹線

(3) Aエ　Bア

解説 (1) 新千歳空港は札幌から南東約40kmにあり，各地との航路が整備されて，北海道の空の玄関口になっている。

(2) 北海道新幹線は，2020年現在新青森駅と新函館北斗駅の間が開通している。

Step 2　実力完成問題　(p.106-107)

① (1) ア・エ　(2) 世界自然遺産(世界遺産)

(3) イ　(4) Aウ　Bイ　Cア

解説

(1)

> **ミス対策**　北海道の面積は日本の総面積の約2割なのでイは誤り。人口は全国の約4％なのでウは誤り。

(2) 日本で世界自然遺産に登録されているのは，知床のほかに，白神山地，屋久島，小笠原諸島である(2021年3月現在)。

② (1) I 例 屋根の傾斜を急にして，雪が自然に落下するようにしている。

　　II 例 太陽熱や生活熱でとけた屋根の雪は，

傾斜をつけた屋根から排水溝に流れる。

(2) 利雪　　(3) ロードヒーティング

解説 (1) 北海道では，写真Ⅰの屋根が多かったが，落ちてくる雪でけがをするなどの事故を防ぐために，写真Ⅱのような屋根が増えた。

3 (1) Ⅰエ　　Ⅱア

(2) 例 貴重な自然を損なうことなく，観光ができるようにするため。

解説 (1) グラフⅠは新潟・北海道・東北地方の各県が上位を占めているので，エの米。グラフⅡは北海道が8割近くを占めているのでアのじゃがいも。

(2) 写真は知床の湿原に設置された高架木道。

4 (1) さっぽろ雪まつり　　(2) Aイ　　Bイ

解説 (1) さっぽろ雪まつりは日本国内からの観光客のほか，海外からも多くの観光客が訪れる。

(2) A海外からの観光客数に注目する。B全体が244万人で，その24.3%であるから，2,440,000×0.243＝592,920（人）。およそ60万人になる。

定期テスト予想問題⑥　（p.108-111）

1 (1) 近郊農業

(2) 栽培方法－抑制栽培　　記号－イ・エ

(3) ① 昼間人口

② 例 都心の機能を各地に分散させるはたらき。

(4) Ⅰ

解説 (3) ① aは，東京都だけがbより多く，X・Y・Z県はbより少ないので，昼間人口を示している。

(4) 東京都は出版社や新聞社が多く，印刷業が発達していることからグラフⅠと判断できる。グラフⅡは輸送用機械工業や食料品工業がさかんな埼玉県，グラフⅢは石油化学コンビナートや製鉄所が臨海部に集中する千葉県である。

2 (1) Ⓟ盛岡市　　Ⓠ仙台市

(2) ⓐ太平洋　　ⓑ奥羽山脈　　ⓒ北上高地

(3) リアス海岸　　(4) オ　　(5) やませ

(6) イ　　(7) ウ　　(8) 東日本大震災

(9) Ⅱウ・Ⅲイ

解説 (1) Ⓟは岩手県，Ⓠは宮城県。東北地方で，県名と県庁所在地名が違うのは，岩手県と宮城県の2県である。

(4) 資料Ⅰの①は夏の気温が比較的低く，夏から秋に降水量が多いので，Cの宮古。②は冬の降水量が多いので，Aの秋田。③は冬の気温が低く，降水量が少ないBの盛岡。

(6) Xは庄内平野。東北地方は米の大産地である。

(7) 南部鉄器は，Ⓟの岩手県盛岡市や奥州市でつくられる伝統的工芸品。天童将棋駒は山形県，津軽塗は青森県，会津塗は福島県の伝統的工芸品。

3 (1) オ　　(2) 客土　　(3) 流氷　　(4) 落雪

(5) ①知床　　②エコツーリズム（エコツアー）

(6) Aイ　　Bア

(7) 例 飲用は鮮度が重要であり，北海道は大消費地から遠いため（，加工用に使われる）。

解説 (3) Yはオホーツク海。

(4) 屋根に降り積もった雪が落ちて起きる事故を防ぐための屋根の形である。

(5) ②エコツーリズムは，観光資源でもある自然環境や歴史，文化などを損なうことなく，体験したり学んだりする観光のあり方をいう。

4 (1) Aウ　　Bア　　Cイ　　Dキ
　　Eカ　　Fエ　　Gオ

(2) イ　　(3) 利根川

(4) ①りんご

　　②記号－ウ，祭り－青森ねぶた祭

解説 (1) A中尊寺金色堂は岩手県平泉町にある。B北海道の畑作の中心地は十勝平野，根釧台地は日本最大の酪農地帯。C大館曲げわっぱは，秋田県大館市でつくられる伝統的工芸品。D神奈川県の政令指定都市は，横浜市，川崎市，相模原市。E東京都心では印刷業がさかん。F茨城県と千葉県の県境を利根川が流れる。G埼玉県の県庁所在地はさいたま市で政令指定都市に指定されている。